inseparables
para siempre
care santos

SER FELIZ ES FÁCIL

EDICIONES B
GRUPO ZETA

Barcelona • Bogotá • Buenos Aires • Caracas • Madrid • México D. F.
Montevideo • Quito • Santiago de Chile

1.ª edición: febrero, 2004

© 2003, Care Santos

© 2004, Ediciones B, S.A. en español para todo el mundo
  Bailén, 84 - 08009 Barcelona (España)
  www.edicionesb.com

Impreso en España - Printed in Spain
ISBN: 84-666-1475-3
Depósito legal: B. 493-2004

Impreso por Encuadernaciones Marsa

*Para Analí, la verdadera,
la que nunca llegó a ser, esté donde esté*

una mancha verde
en el atlas de papá

Me llamo Analí, tengo once años y dos amigas. Me gustan los collares de cuentas de colores, comer helados y descubrir sitios raros (conozco unos cuantos). También me gusta bailar, dormir hasta muy tarde, ver varias películas seguidas y Mike Pita (el cantante de los rizos). Detesto coser y todas las actividades que se le parecen, como hacer punto. No sé por qué la gente cree que las chicas debemos saber de esas cosas. Algunas veces, no muchas, me aburro y no sé qué hacer. Si tuviera un hermano, todo sería diferente. Pero no tengo un hermano, y ya no creo que lo tenga nunca.

Éste fue el mejor modo que se me ocurrió de empezar el primer diario que he tenido en mi vida, el mismo día en que mis padres me lo regalaron. Si pensáis que no es muy apropiado, estaréis de acuerdo conmigo.

No, no, no. Ésta no es manera de empezar un diario. El segundo intento fue más o menos así:

Me llamo Analí y soy china. Quiero decir que nací

en China. Una vez busqué mi país en el atlas de papá. Por curiosidad. Por saber dónde estaba. Era como una mancha verde en forma de nada en concreto. Una mancha en forma de mancha, muy lejos, en el otro lado del mundo. ¿Pensáis que resulta divertido haber nacido en un lugar del que apenas sabes nada? Yo creo que sí. Es un poco raro, lo reconozco, pero con el tiempo llegas a acostumbrarte. ¿Que cómo llegué hasta aquí, a diez mil quilómetros de distancia? A veces, yo misma me sorprendo de la cantidad de casualidades que tuvieron que suceder para que hoy pueda decir esto. Primero tuvieron que abandonarme, pero ya os contaré eso. También fue necesario que mis padres adoptivos descubrieran que no podían tener hijos. Suelen decir que no empezaron a ser felices de verdad y a olvidar todo lo que había pasado hasta después de mi llegada. Cuando hablan de eso todavía me parece que se ponen tristes. Hay gente que no puede tener hijos y tampoco les importa tanto. Quiero decir, que sabe resignarse, o asumirlo. Es el caso de unos amigos de papá y mamá. Se quieren mucho, han viajado por todo el mundo y ahora que son viejos han decidido dejar todo su dinero, su casa y sus coches a unas monjitas de esas que sólo dejan de rezar de vez en cuando para hacer unos dulces riquísimos.

Luego está la gente como mis padres: optimistas y luchadores (a ratos un poco locuelos). Para ellos todo este asunto de la descendencia era realmente importante. Los pobrecitos tuvieron que hacer un montón de cosas pesadas: papeleo, esperas, entrevistas con psicólogos... todo para conseguir al fin viajar a China y adoptarme. Lo lograron, claro, porque a tercos no les gana nadie. Lo primero que supieron de mí estaba en una ficha que venía escrita en chino. Era una especie de informe médico, y en ella se decía que yo estaba sana y fuerte, y algunas otras cosas, como mi nombre (el original), mi edad aproximada, mi tamaño y no sé qué más. Mamá siempre dice, sin embargo, que en lo único que se fijó fue en mi cara (había también una foto). Y eso que se me veía más bien enclenque y poca cosa, además de aburrida de estar allí esperando a que vinieran a buscarme.

Por ahora, aún no he empezado a contar lo que me proponía, el motivo por el cual empecé el cuaderno. Por cierto, que desde muy pronto decidí no llamarle diario, sino *El cuaderno de los momentos felices*. Sí, eso suena muy bien. Elegí ese título por varios motivos: el primero, porque estaba convencida de que en las semanas siguientes, mientras estuviera escribiendo mi cuaderno, iban a ocurrir cosas muy interesantes y muy buenas. El segundo, porque yo creo que la felicidad no es tan complicada de conseguir como mucha gente piensa. Sólo hay que proponérselo, y ser feliz no es tan difícil.

¿Qué os parece? Como principio de diario no está mal, ¿verdad? Y ahora, si más preámbulos, voy a contar lo que pasó una tarde en mi casa (debería decir mi ex casa, porque fue antes de la mudanza al piso nuevo), que me dejó de piedra. Fue algo que mis padres estaban planificado desde hacía meses. Sólo yo no tenía ni idea (nunca me entero de nada, estoy siempre alelada).

De pronto, unos días antes de mudarnos al barrio nuevo, a mis padres se les pone cara de querer hablar en serio (todas las que tenemos padres sabemos de qué cara estoy hablando), se sientan muy formalitos y muy juntos en el sofá, me piden que me coloque frente a ellos y me dicen:

—Cuando fuimos a buscarte a China pensamos que algún día, cuando fueras lo suficientemente mayor como para disfrutarlo y entenderlo, volveríamos allí contigo para que conocieras tu país.

Hicieron una pausa que yo aproveché para poner cara de curiosidad.

—Pues bien, pensamos que ese momento se acerca. Si tú quieres, claro.

No sé por qué, pero tenían cara de susto. Cara de haber sacado malas notas y estar muy arrepentidos. No sé, una cara muy rara. Y yo, la verdad, no sabía qué debía contestar a lo que acababan de anunciarme. Para ser sincera, ni siquiera sabía si debía contestar ni si había entendido bien lo que intentaban decirme.

—¿Qué te parece? —preguntó papá.

Lo reconozco. Estaba un poco en las nubes.

—Bien —dije.

—¿Eso es todo? ¿No te apetece conocer China? —intervino mamá.

En ese momento me di cuenta de que lo había entendido bien. Me estaban proponiendo ir a China de vacaciones. La verdad, no soy de esas chicas adoptadas obsesionadas por conocer el lugar del que salieron, pero debo reconocer que viajar a mi país es de las cosas que más ilusión me hacía del mundo. La gente suele pensar, cuando digo esto, que me muero de ganas de saber quiénes fueron mis padres. Mis padres biológicos, como dirían las pesadas asistentas sociales. Nada de eso. Lo que yo quería era respirar el aire de mi país, ver dónde estaba cuando ellos me conocieron, saber cómo es la gente de allí, comer la comida típica que come allí todo el mundo y pasear por donde hubiera paseado todos los días de mi vida si nadie me hubiera adoptado. Puede que a algunos les parezca una tontería. Para mí no lo era en absoluto.

Aclaración: siempre que hable de «mis padres» me estoy refiriendo a Alonso y Elena, los únicos que he conocido. No son perfectos pero son los míos. Y me gustan. En algún momento daré detalles de lo que sé de los otros, de los que nunca tuve. De los que me abandonaron en una plaza de mi ciudad natal. Allí me encontró la anciana que me entregó a las cuidadoras del orfanato.

Muchas veces la gente quiere saber si conservo algún recuerdo de mi país. La respuesta es fácil, facilísima: ninguno. Cero. Nada en absoluto. No me extraña, porque cuando me adoptaron yo tenía apenas un año. Bueno, eso imaginan, porque la fecha exacta en que nací nadie la conocía con exactitud. Mis cuidadoras pudieron adivinarla, más o menos, por mi tamaño y mi evolución, siempre con la ayuda de los médicos, pero la certeza no la tenía nadie. A mis padres les dijeron que yo había nacido entre junio y julio y ellos eligieron la fecha que les pareció más bonita: el 21 de junio, el día más largo del año (en esta parte del mundo por lo menos), el día que comienza el verano. No está mal.

El único lío es cuando alguien me pregunta por mi signo del zodíaco. Suelo decir que soy entre géminis y cáncer. Lo cual no está muy bien, porque todo el mundo dice de los géminis que tienen dos caras, una de ellas bastante inconsciente y de los cáncer que son inestables y lunáticos, además de susceptibles y narcisistas. La verdad, no sé con cuál de los dos quedarme. Aunque lo tengo más claro cuando hago caso al horóscopo chino, que divide los signos por años y no por meses. Según eso, yo nací en el año de la cabra. Ya sé que no es muy elegante, pero qué le vamos a hacer. Según el horóscopo chino, las cabras somos amables, cariñosas, enamoradizas (parece mi retrato robot, por ahora), pero también introvertidas, inseguras y pesimistas (y ahí sí que no puedo estar de acuerdo de ninguna manera). Creo que lo que más me conviene es seguir con los pies en el suelo y no hacer caso de horóscopos de ninguna clase. Yo soy yo, digan lo que digan los astros, chinos o no. Y ya está.

Si seguís pensando que todo esto tampoco es un modo serio de empezar un diario, estáis de enhorabuena, porque aún hubo un tercer intento que decía, más o menos:

Me llamo Analí y tengo once años y dos amigas. Nunca antes había escrito un diario.

—Te van a pasar cosas muy interesantes en las próximas semanas, hija, y hemos pensado que tal vez te gustaría escribirlas —dijo mamá, quien nunca jamás ha escrito un diario.

Se estaba refiriendo a nuestro viaje, claro.

—Ya verás que escribir es una de las mejores formas que existen de descubrir cosas que no sabías que sabías.

En un principio, aquella frase de papá me pareció absurda. ¿Cómo iba a descubrir yo sola cosas que no sabía? Por más que lo pensaba no le encontraba ningún sentido, igual que no lo tiene reírse solo porque te has explicado un chiste a ti mismo. Sin embargo, con el tiempo me daría cuenta de que tenía razón. Tal vez yo lo habría dicho de otra manera: Al escribir tus sentimientos, tus dudas o tus experiencias tienes ocasión de percibirlas de un modo muy diferente a como lo haces mientras suceden. A veces, ver las cosas de una manera diferente te hace descubrir aspectos que no habías visto antes pese a tenerlos frente a tus narices.

Me he dado cuenta de que mucha gente comienza

un diario cuando presiente que va a pasar algo importante: Marco Polo, Cristóbal Colón, Bridget Jones... Yo no voy a ser menos. Lo que sucede es que no podía esperar al día del viaje, y decidí empezar un poco antes, en el mismo instante en que me regalaron el cuaderno.

«Así voy practicando», pensé.

Después de aquellas (y otras) intentonas, algo me quedó claro: Empezar un diario, aunque no lo llames así, en un cuaderno precioso que acaban de regalarte, es muy complicado. Tienes que sintetizar, seleccionar, aclarar tus ideas antes de ponerlas por escrito y muchas cosas más que van surgiendo. No puedes olvidarte de ninguna de las escenas importantes pero tampoco extenderte mucho en cada una, o todo resultaría muy aburrido. Hay que saber escoger las palabras, pero también las experiencias, y ninguna de las dos cosas resulta fácil. Y eso que yo nunca pienso que alguien pudiera leer mi diario, porque creo que no sería capaz de dejar que nadie lo hiciera. En parte, porque lo que cuento es mío, y no quiero compartirlo con nadie, aunque penséis que soy una antipática (que no es verdad). Pero, sobre todo, porque me daría vergüenza que alguien descubriera alguna falta de ortografía, o alguna palabra mal empleada. Por eso prefiero volver a escribir la historia con la ayuda del ordenador y de ciertos programas de corrección ortográfica y de estilo. Aunque para hacerlo me valga de todo lo que anoté en mi diario no hace tanto. Uf, ahora me parece que ha pasado una eternidad.

¿Sabéis, chicas? Un cuaderno es como la vida. En principio, todos son iguales. No hay cuadernos malos ni vidas malas. Tampoco cuadernos buenos ni vidas buenas. Todo depende de ti, de las palabras que escojas para llenarlos y también del orden en que cuentes las cosas. Ahora mismo tengo tanto que contar que me estoy haciendo un lío. Voy a tener que ir despacio y no atolondrarme, o sino me saldrá la historia más embarullada que hayáis leído jamás. Y aunque soy bastante desordenada (lo reconozco) voy a intentar que no se note demasiado.

Creo que debo hablaros ya de mis amigas. Se llaman Julia y Lisa y, aunque son muy diferentes, a las dos las quiero un montón. Julia es un poco cascarrabias, le gusta una música rarísima que no venden en las tiendas de discos normales, tiene una abuela alucinante que acaba de echarse novio y está un poco enamorada (pero sólo un poco, eh, porque si lee esto me mata) del hermano de Lisa. A Lisa le gusta la cerámica y los gatos, pero es tan guapa que su madre la llevó de pequeñita a una agencia de publicidad y desde entonces ha hecho un montón de anuncios para la televisión, aunque ahora lo ha dejado. En el último también salimos Julia y yo, y fue muy divertido y un poco increíble, pero ésa es una historia que le corresponde contar a otra.

Es genial tener a Lisa como amiga, porque todos los chicos se fijan en ella y, como ella no le hace caso a ninguno (bueno, a alguno sí, ya lo descubriréis), no tienen más remedio que reparar en las feúchas de sus amigas. Un chollo.

Yo no es que sea fea, es que soy más bien insignificante. Soy, como todos los chinos que conozco, más bien bajita y de pelo negro y lacio, claro, un asco. También soy lo que la gente llama «exótica». Es decir, distinta. Tener los ojos rasgados y la piel de una tonalidad ligeramente diferente a la de la mayoría de los ciudadanos tiene sus ratos divertidos. Hay quien en cuanto me conoce me habla en inglés. También hay algunas personas que imaginan que por tener los ojos rasgados tengo que saber hablar chino mejor que Li Po. (Aclaración: Li Po es un poeta chino del año catapún que tuvo una vida horrible y a quien —tal vez por eso— le gustaba beber solo a la luz de la luna.)

Entonces yo voy y les suelto:

—Me trajeron con un año y aún no sabía hablar.

Eso les deja momentáneamente sin palabras. Aunque enseguida recuperan el aliento para preguntar:

—¿Y no te acuerdas de nada?

—Pues no —respondo—. ¿Y tú? ¿Te acuerdas de cuando te salió el primer diente?

Algunos no entienden ni esta ni otras de mis bromas. Da igual, ése es su problema, aunque a veces mi madre no piense lo mismo.

Ser chino tiene otras ventajas. A veces vamos a un restaurante chino y los camareros me sonríen todo el rato, o me preguntan cosas del tipo:

—¿Y tú de qué parte eres?

Entonces yo contesto:

—De Xian.

Los más cultos responden con algo tópico. Por ejemplo:

—Ah, una ciudad milenaria...

Otra posibilidad:

—Qué impresionantes los guerreros.

(Ya os contaré qué es eso de los guerreros de Xian. Sólo adelanto que los que dicen que es impresionante no se equivocan lo más mínimo, y eso que a mí cualquier cosa que huela a historia me aburre como nada, y ver museos me marea.)

Los que no están tan bien informados, o simplemente no tienen ni idea de por dónde caen las ciudades del país donde nacieron, se encogen de hombros y dicen:

—Yo soy de Beijing.

Y se van con la música (y la sonrisa un poco mustia) a otra parte.

Luego están los que lo confunden todo y no saben en qué se diferencia un vietnamita de un coreano, un japonés de un tailandés, el karate del taekwondo o el sushi del chop-suei. Suelen ser muy divertidos, porque creen que Asia es algo que se puede explicar con tres ideas sacadas de una película de Bruce Lee y por eso meten la pata todo el tiempo. Son más abundantes de lo que la gente piensa, y a mi padre le sacan de quicio. A mí me da igual. Yo me lo tomo a risa. No porque todo me dé lo mismo, sino porque soy una persona optimista. Esto significa que intento ver siempre el mejor lado de las cosas. Y también, claro está, de las personas.

Me gustaría explicaros mi teoría sobre las personas. Pienso que se dividen en tres categorías: las que ya no tienen remedio, las que aún tienen remedio y las que no necesitan ningún remedio. Al primer grupo pertenecen las egoístas, personas a quienes no les importa nada más que ellas mismas. Se les reconoce porque jamás se preocupan por nadie y porque suelen ser desagradables, o estiradas, o presumidas o de todo un poco. La segunda categoría está formada por las personas que de vez en cuando te hacen sufrir, pero que en el fondo no lo pretenden y hasta les duele haberlo hecho. Los de la última categoría son los que de verdad valen la pena. Son divertidos, solidarios, amables. Lo único malo es que de éstos hay poquísimos. Por eso cuando se encuentra a uno no hay que dejarle escapar. La abuela de Julia (Teresa) y su novio (Salvador) pertenecen a la tercera categoría.

Recuerdo muy bien una duda que me asaltó la primera vez que mencioné a Teresa y Salvador en mi nuevo diario. Había escrito algunas líneas donde les describía y de pronto me quedé pensando en algo. Escribí, para que no se me olvidara pensarlo con más calma: ¿Puedo decir que Teresa y yo somos amigas aunque ella sea más de sesenta años mayor que yo? Uf, sesenta años es mucho tiempo. No lo había pensado hasta ese momento. Llegué a la conclusión (yo sola) de que me gustaría ser como ella cuando tenga setenta y cinco años. Es una persona genial, siempre dispuesta a hacer cosas por ti o a invitarte a merendar a su casa. Cuando apunté todo eso en mi cuaderno descubrí que Teresa es más amiga mía que muchas de las personas de mi edad a quienes conozco. También descubrí lo que había querido decir papá con aquello de que iba a aprender cosas que no sabía que sabía.

Mira, por una vez, mi padre no estaba equivocado.

para qué sirven
los vecinos y las cebollas

Voy a hacer una confesión. Espero que nadie se ría. Es algo que me da mucha vergüenza, pero que ya no me importa contar porque empiezo a superarlo: hasta hace poco, me gustaba Mike Pita. Sí, sí, el cantante de los rizos y las vueltas con tirabuzón. Cuando digo que me gustaba, aclaro, no me refiero a que me gustase su música, sus letras, su manera de bailar o su estilazo. Todo eso también, aunque en realidad lo que quiero decir es que hasta hace bien poco me gustaba él, él en persona, en cuerpo y alma, todo lo que hacía, decía o tocaba. Le veía aparecer en cualquier programa de televisión, por tonto que fuera, y ya tenía el corazón latiendo a mil por hora. Compraba cualquier cosa en la que apareciera, leía con todo detenimiento los artículos sobre él y hasta llegué a escribirle una carta. Menos mal que en esa época no tenía aún ningún cuaderno donde apuntar mis impresiones o mis sentimientos, porque sin duda hubiera escrito en él muchas estupideces. En resumen: estaba colada por alguien a quien no conocía más que de verle en fotos o en la tele.

¿Alguien se ha reído? Lo digo porque como yo hay muchas otras personas, y a todas nos puede pasar. No soy ni la primera ni la última que se enamora de un cantante de moda. Yo, además, como soy crédula, pasmada y un poco boba, me creía todo lo que las revistas decían de mi ídolo. Absolutamente todo. Cuando se echó novia me llevé un disgusto de campeonato y cuando se fue a vivir con ella por poco me da algo. Si lo hubiera sabido, le hubiera echado mal de ojo a la idiota esa. Luego me enteré de que esas cosas a veces son mentira, inventos de las discográficas para armar revuelo sobre su último niñato y así conseguir vender más discos. Eso me tranquilizó un poco.

Por suerte, las cosas cambiaron pronto, y fue por culpa de Julia, primero, y de Lisa, después. Por si no sabéis nada del asunto, os lo cuento.

Julia fue la primera que se dio cuenta de lo que me pasaba. Fue una tarde en que entró en mi habitación. Yo estaba estudiando (recuerdo muy bien que al día siguiente tenía un control de mates) y no la oí llegar ni me di cuenta de que estaba ahí, detenida junto a la puerta, hasta un buen rato después. Venía a hacer las paces, pero en ese momento en lo que más se fijó fue en la cantidad de fotos de Mike que había en tan poco espacio. Creo que no resultaba difícil, a la vista de aquello, adivinar que mi afición por Pita superaba lo estrictamente musical. Ella detestaba a mi ídolo, y se permitía el lujo de llamarle engendro de la música moderna y cosas todavía peores, pero eso no fue impedimento para que arregláramos nuestras diferencias aquella misma noche.

Nuestro enfado (o tal vez mejor debería decir el suyo) también empezó por un asunto relacionado con la música. Nada más conocerla, mientras curioseaba entre su colección de discos compactos, se me escapó uno, que salió volando por el balcón. A mí no me pareció que la cosa fuera para tanto, pero ella pensaba de otra forma, y lo dejó bien claro: al parecer, me cargué el disco más raro de su colección, que además era su favorito. Yo nunca me hubiera puesto tan furiosa por culpa de un disco hecho añicos (ni siquiera por un disco de Pita), pero lo suyo fue el colmo: tardó mucho en perdonarme, y tuvieron que pasar muchas cosas antes de que aquella tarde entrara en mi cuarto y me pidiera disculpas por haber sido tan desagradable conmigo. A pesar de todo, fue un gesto por su parte y lo agradecí mucho. No todo el mundo es capaz de disculparse cuando se ha equivocado y la gente que sabe hacer eso seguro que merece la pena. Yo la perdoné de inmediato, por supuesto. Fue el principio de nuestra amistad.

Con Lisa todo fue más fácil. La reconocí enseguida (en aquel momento salía en la tele constantemente anunciando una marca de yogures y un disco de moda) pero no le dije nada. Pensé: Alguien que sale en la tele debe de estar harta de que todo el mundo le diga que la conoce porque la ha visto en la tele. No me equivoqué en absoluto. La primera tarde que fuimos a dar una vuelta hablamos de un montón de cosas (algunas intrascendentes) y terminamos comiendo chocolate. A Lisa todo el mundo la miraba mucho. Algunos hacían además de saludarla y se arrepentían en el último momento. Otros sonreían como si se hubieran vuelto tontos al verla. Ella fingía no verlos, pero yo me daba cuenta de que todo aquello le molestaba mucho. Quería preguntarle por qué hacía anuncios si llevaba tan mal la popularidad, pero preferí esperar a que ella me lo contara.

Lisa siempre está muy preocupada por no engordar, pero aquella tarde hizo una excepción (menos mal, porque comer chocolate sola es muy triste). A mí la gordura no me preocupa. Si tuviera la oportunidad de cambiar algo de mi cuerpo elegiría ser rubia. Igual también me gustaría crecer unos pocos centímetros. No muchos, me bastaría con cinco o seis. El resto puede quedarse como está. Aunque, ahora que lo pienso, sería un poco raro ver a una china rubia y alta. Mejor me quedo así, que tampoco estoy tan mal. Ya sé que no soy gran cosa, pero la ropa me suele quedar bien, siempre encuentro mi talla y sé que hay chicos a quienes les gustan las chicas canijillas pero simpáticas. Son mi esperanza. A mí, de hecho, tampoco me gustan los chicos que se vuelven locos con las modelos espectaculares. El día que encuentre uno interesante a quien yo le guste, no pienso dejarle escapar, no vaya a ser que sea el último que queda. Creo que me estoy yendo por las ramas.

Hablaba de Mike Pita. A veces la gente no es como parece. No sólo la gente que sale en la tele. Lo escribí en mi cuaderno entonces, y lo sigo pensando: Salir en la tele reblandece el cerebro de todas las personas que conozco excepto de Lisa. A Lisa, salir en la tele hasta parece que la volvió más lista.

Pita, en cambio, es de los que anda por ahí con el cerebro reblandecido. No os lo vais a creer, pero en las últimas fiestas del barrio, Pita actuó aquí. ¿Y quiénes fueron a saludarlo después del concierto? Claro: las Supernenas. Es decir, Lisa, Julia y yo. Yo por poco me desmayo, para qué lo voy a negar. Recuerdo que, en la emoción del momento, me pareció mucho más guapo en persona que en las fotos con las que yo estaba tan familiarizada. También me pareció simpático, divertido y hasta modesto. Por fortuna para mí, estas impresiones no duraron demasiado. Sólo hasta que le escribí aquella carta. Me alegro de haberlo hecho: si hay que llevarse una desilusión, más vale que sea pronto.

No he dicho todavía que conocí a mis amigas después de mudarnos. Mis padres llevaban mucho tiempo hablando de cambiar de casa. Lo primero que se les ocurrió fue comprar una de esas antiguas casas rurales —esas que siempre están a mil quilómetros del lugar civilizado más próximo— y acondicionarla.

—Podríamos pedir un préstamo. Con eso y los ahorros que tenemos la arreglaríamos a nuestra manera. Quedaría un lugar maravilloso.

«Maravilloso», repetía yo, cruzando los dedos para que aquella locura se les fuera de la cabeza. Una vez me preguntaron qué me parecía:

—Que en el campo hay muchos bichos —dije.

—Pero los bichos son buenos —dijo mamá, como cantando, muy sonriente.

—Yo no me los pensaba comer —contesté.

Papá se hizo el gracioso. Es su especialidad:

—Seguro que tú a ellos tampoco les gustas —dijo.

Ya me di cuenta que si seguía por ese camino acabaríamos viviendo en el campo, a mil quilómetros del lugar civilizado más cercano. Me veía todos los días, recorriendo una distancia terrible para ir a la escuela. También me veía por las tardes, escuchando las canciones de Pita en uno de esos silencios sólo interrumpido de vez en cuando por algún grillo, alguna gallina despistada o alguna oveja. Qué porvenir tan horroroso.

—Además en el campo no hay nadie —añadí— y yo no tengo ganas de crecer en un lugar sin nadie.

Mamá pareció quedarse pensativa. Por la noche, cuando ya estábamos todos acostados, oí que le decía a papá:

—Tal vez a la niña le vendría mejor quedarse en la ciudad. No encontrará mucha gente de su edad en un sitio tan apartado.

Eureka. Mamá me estaba dando la razón. Lo reconozco: jugué un poco sucio. Sé que mamá es especialmente sensible a la soledad de la infancia. Ella tuvo una niñez aburridísima, sin nadie con quien jugar, en un mundo de personas adultas que constantemente se olvidaban de ella. Alguna vez, una parte de su cerebro le hizo a la otra parte la promesa firme de que a sus hijos no les ocurriría lo mismo. Sabía que ese asunto la conmovería (¿eso es ser pérfido? Julia me lo dijo, cuando se lo conté. Dijo: Qué pérfida). Estoy convencida de que una de las obligaciones de los hijos (que además reporta grandes ventajas) consiste en conocer bien a sus padres. Si se impartieran cursillos sobre eso el poder del mundo estaría en manos de los hijos.

Pocos días después mis padres empezaron a hablar de un barrio tranquilo, con historia, en auge, de moda y no sé cuántas cosas más. De repente un día me trajeron aquí, a nuestro piso actual, sólo que en ese momento hacía falta mucha imaginación para ver un hogar en aquel amasijo de ladrillos, cemento, hierro y obreros en camiseta. Me preguntaron si me gustaba y si creía que me iba a sentir a gusto aquí. Me alegró mucho saber que contaban con mi opinión. Además, el lugar y la casa nueva me encantaron incluso antes de conocer a nadie. Y el barrio, más aún.

Julia y Lisa son mis vecinas. Julia vive un piso por encima del nuestro y, a diferencia de lo que me pasó a mí, ella aborrece este barrio y esta casa, algún día tal vez os cuente por qué. En cuanto a Lisa, en realidad no vive aquí, pero pasa mucho tiempo en casa de su hermano Arturo, que es el vecino del ático. Para quienes no os hayáis enterado, también es el chico que le gusta a Julia. Ahora ya se han tranquilizado las cosas entre ellos, pero el principio no pudo ser peor. Se caían tan mal que a veces no me explico qué pasó para que las cosas se arreglaran.

Las únicas que se han llevado bien desde que se conocieron son mi madre y la madre de Julia. Es una de esas relaciones basadas en la solidaridad y el cotilleo que siempre funcionan. Mamá cree que es muy útil tener amigos entre los vecinos, sobre todo entre los vecinos que llevan más tiempo en un lugar, porque pueden ayudarte en caso de necesidad y porque van muy bien para ponerse al día de las cosas que afectan a la gente del barrio (y que, por lo tanto, ya nos afectan también a nosotros). La madre de Julia, por su parte, no opuso ninguna resistencia al despliegue amistoso de mamá, que cuando se propone ser encantadora es capaz de batir el récord olímpico de encanto. En sólo unos pocos días, la madre de Julia y la mía se habían hecho íntimas y compartían un montón de cosas. Iban de tiendas, a la playa, a tomar café, al teatro y hasta al médico. Por las mañanas salían muy compenetradas con sus carritos de la compra y sus monederos a cuadros. Se prestaban dinero si una de las dos había calculado mal, intercambiaban recetas de verdura o pescado de esas que las amas de casa llaman «imaginativas» y que suelen ser tan malas como todas las demás, y hasta se animaban a descubrir nuevas tiendas. Su grado de compenetración llegó a tal extremo que empezaron a cocinar lo mismo. Si Julia decía:

—Mi madre dice que mañana va a hacer unos fideos nuevos.

Lo más seguro era que en mi casa también hubiera fideos nuevos. Por cierto: la receta de los fideos en cuestión se la facilitó a las dos amiguitas una verdulera a la que la madre de Julia conocía desde hacía años. Cuando los fideos ya estaban en el plato, a punto de ser devorados, parecían fideos con tomate y panceta de lo más vulgar (qué asco, diría Julia, que es vegetariana aunque su madre se empeñe en no hacerle caso). Sin embargo, el nombre completo de los fideos, siempre según la receta de la verdulera era *Fideos de los que se tira la cebolla*. Sí, sí, que nadie se extrañe. El primer paso de la receta nueva consistía en freír una cebolla en aceite abundante, apartarla y tirarla a la basura. En el aceite restante, todo embadurnado de delicioso sabor a cebolla, se ahogaban (o rehogaban, nunca sé cuál es la diferencia entre esas dos palabrejas) los fideos. Qué pena de cebolla, ¿verdad?

—Pues es una estupidez —decía Julia, que siempre ve las cosas desde su lado malo—, si no van a utilizar la cebolla, ¿para qué la fríen?

Yo, en cambio, lo veía de un modo muy distinto:

—Es mejor que la tiren —opinaba yo, mientras Julia no disimulaba una mueca de asco—, ¿te imaginas cómo quedarían unos fideos con cebolla?

—Mi madre no la tira —me confesó ella—, la guarda y por la noche se la echa a la tortilla de patatas. Puaj.

«Cualquier día mi madre empezará a hacer lo mismo», me dije, todo era cuestión de tiempo. Y prefiero no contaros lo que descubrieron que podían hacer con la merluza, el besugo, los gallos y los salmonetes, porque os darían ganas de vomitar. Si el pescado no le gusta a nadie, ¿por qué no le dejan en el mar, nadando feliz y huyendo de los depredadores a quienes sí les gusta el pescado? Nunca lo entenderé.

Había otra cosa que a nuestras madres les gustaba hacer juntas: Ir de rebajas. Lo descubrieron durante una de sus primeras charlas: las dos eran unas obsesas del saldo, la ocasión, el pague una y llévese dos (mejor aún: pague dos y llévese tres). Mi madre es de esas que el día de inicio de las rebajas hace cola en la puerta de los grandes almacenes con tal de entrar la primera en cuanto los vigilantes abran las puertas. Algún año hasta ha salido en la tele, junto con el resto de miembros de ese rebaño risueño y dislocado que invade las tiendas a primera hora de cada 1 de julio o de cada 8 de enero.

Aquel año, claro está, fueron juntas a las rebajas de verano. Y a partir de ese momento no ha habido rebajas de invierno o verano a las que hayan ido la una sin la otra. Si hubiera rebajas en otoño o en primavera tampoco se las perderían, igual que no se pierden ni una oferta especial, ni una semana fantástica, ni una superpromoción tres por dos ni nada de nada. A veces me pregunto si todo ese rollo de las ofertas no puede ser alguna adicción rara que necesite una cura de desintoxicación o una campaña de publicidad con escenas terribles de esas que de vez en cuando organiza en la tele el ministerio de turno. ¿Cómo podrían llamarse las adictas a las compras con descuento? Rebajómanas. Saldómanas.

Como todo el mundo sabe, una amiga no sólo sirve para ir con ella de rebajas o al supermercado. Una amiga, cuando es de verdad, te ayuda en los momentos más difíciles. La amistad de mi madre y la madre de Julia se puso a prueba muy pronto, cuando una de las dos atravesó malos momentos y la otra estuvo a su lado para consolarla.

Todo empezó una tarde. De pronto se presenta en casa la madre de Julia con un paquete de pañuelos desechables en la mano y cara de haber pelado, picado, frito y tirado a la basura muchas cebollas. ¿Qué le pasaba? Os sorprenderá, pero mejor dejamos que lo diga ella:

—Mi madre se ha echado un novio —dijo.

No, no lo habíamos oído mal. Su madre, la abuela de Julia, una señora de setenta y cinco años la mar de simpática, se había echado un novio más joven que ella y, encima, rumano. Por si alguien desconoce ese detalle, Rumanía es el país del conde Drácula.

«Bueno, el amor no tiene edad», pensé yo, que una vez creí que me había enamorado de uno de segundo (que nadie se asuste: fue una falsa alarma). Por una de esas casualidades tan poco casuales que tiene la vida, oí a mi madre decir:

—Bueno, mujer, el amor no tiene edad.

—Pero es que es viuda... —decía ella, sorbiendo los mocos.

—Peor sería que fuera casada —respondió mi madre, que siempre ha tenido un fuerte sentido práctico.

Hay que reconocer que tenía razón, aunque la madre de Julia, en aquel momento, no lo viera del mismo modo. De repente se echó a llorar a moco tendido mientras repetía:

—¿Qué diría mi padre si la viera?

La verdad, la conversación era un poco absurda. Porque, o me estoy haciendo un lío o si el abuelo de Julia estuviera vivo ya no habría ocasión de hablar del novio de su abuela, ¿verdad? Todo esto parece muy complicado, pero en el fondo es muy simple. Sólo hay que ponerse un poco en la situación de Teresa, que había enviudado veinte años atrás, aunque su hija hablara como si su padre llevara muerto una semana. Lo que os digo: totalmente absurdo. Y eso que los disgustos ajenos, cuando son de verdad, deben tomarse muy en serio, pero aquello parecía una película de risa. Mamá preparó una tila para su vecina, supongo que previendo que aquella conversación sería larga y difícil, se sentó frente a ella a la mesa de la cocina y se volvió hacia mí para decirme:

—¿No tienes que estudiar, Analí?

Entendí en el acto que allá estaba de más. Fue una pena, porque me hubiera gustado enterarme de los detalles del drama, pero hube de acatar las órdenes maternas sin rechistar. Suelo hacerlo: cuando me dan una orden de esas características, clara y concisa, no la discuto. Hace mucho que descubrí que era inútil, además de cansado. Es uno de mis muchos trucos para ser feliz. Os lo recomiendo.

Julia me puso en antecedentes del resto del asunto.

—La abuela se ha marchado muy dolida porque

mamá ni siquiera le ha dirigido la palabra. Papá ha intentado defender a la abuela y también se ha llevado una bronca.

—Pero ¿qué hay de malo en que tu abuela tenga novio? —pregunté yo, que no salía de mi asombro.

—No lo sé. Mamá la trata como si de pronto no fuera su madre, sino su hija —explicó Julia.

En China, a los viejos no se les trata como si fueran idiotas. Eso me gustó mucho de mi país, aunque aún no haya llegado a esa parte. Los europeos deberían aprender algunas cosas de los orientales. El respeto a las personas mayores es una de ellas. Cuando sea vieja no toleraré que nadie me trate de un modo que a mí no me guste. Y si alguno de mis hijos lo hace pese a todo, le desheredaré, como dicen en las películas.

—¿Y el novio de tu abuela cómo es? —pregunté.

Julia se encogió de hombros. A ella también le interesaba saberlo. Por eso organizamos una expedición para ir a visitarles. En aquel momento no podíamos imaginar que saldría mal, porque nos descubrirían, y a ella le caería un buen castigo. Cualquier día os lo contamos.

Salvador me cayó bien en cuanto le conocí. Es de los que se toman la vida con alegría, como yo. Lo pasó bastante mal hasta que consiguió salir de su país (los que mandan allí no piensan mucho en las necesidades de la gente, creo) y establecerse en el nuestro junto a su hijo, que ya llevaba unos años aquí dedicado a su pequeña empresa de informática. Salvador también era viudo cuando conoció a Teresa, sólo que su mujer había muerto muchos años atrás, al dar a luz a su hijo. Pese a todo, Salvador nunca más se casó, y vivió consagrado a su familia (tres hijos, padres, abuelos, hermanos, cuñados, tíos, primos y no sé cuánta gente más) durante muchos años. Creo que bien se merecía conocer a alguien interesante con quien empezar a ver la vida de otra manera.

Su noviazgo fue más o menos rápido, como corresponde a una pareja moderna y decidida de setenta y cinco años que sabe lo que quiere. Y el inicio del curso coincidió con una noticia bomba. ¿Bomba? Más que eso: Totalmente revolucionaria. Escalofriante en el buen sentido. Sensacional: Teresa y Salvador iban a casarse. Nos pilló a todos por sorpresa. La reacción de la madre de Julia fue un poco más moderada, aunque también acabó en la cocina de mi casa sorbiéndose los mocos y bebiendo tila mientras decía:

—Es que ese hombre va a ser mi padrastro. Suena horrible.

Aquella vez, yo estaba en mi habitación, ojeando los catálogos de la agencia de viajes donde se ofertaban diferentes rutas por China. Había muchas fotos, todas preciosas. La verdad es que, en ese punto, la madre de Julia tenía razón: «padrastro» sonaba horrible.

«Tendrá que llamarle papá y ya está», pensé. Y de nuevo la coincidencia:

—Pues le llamas papá, y todo arreglado —resolvió mamá.

Y eso que soy adoptada. Llego a ser su hija biológica y hubiera resultado ser un clon de mi madre.

—Nunca podré llamarle papá. Padre no hay más que uno y el mío se murió —repetía la madre de Julia, que pertenece a esa parte de la población que cuando ve las cosas negras no hay nadie que pueda aclarárselas un poco.

—Cálmate, mujer, verás como todo se arregla —contestaba mamá.

Y yo, que la conozco muy bien y que estaba escuchando la conversación desde el pasillo (mientras aguantaba la respiración para que no me descubrieran) me dije: «Mamá está agotando la paciencia.»

En ese momento, todo lo que pasaba en la cocina dejó de interesarme. Acababa de abrir las páginas centrales del catálogo de la agencia: una foto enorme de la Gran Muralla. Por poco me olvido de respirar. Qué maravilla. De algo no me olvidé. En cuanto tuve ocasión, aquella misma noche, les dije a mis padres:

—Yo quiero ir a la Gran Muralla.

—Pues claro que iremos, tontorrona. Lo contrario sería como ir a Pisa y no ver la Torre.

¿Dónde está Pisa? ¿Qué torre hay que ver allí? Mi atlas, esta vez, no me sacó de dudas.

el amor es mejor que la dieta de la alcachofa

Os propongo un juego: entrad en un buscador de Internet y teclead la palabra «alcachofa». Encontraréis un montón de información inútil sobre esta planta lamentable, que mi madre me obliga a comer todos los años cuando es temporada. La *Cynara scolymus*, llamada por los árabes «alcachofa» (que significa «espina de tierra»), es un gran cardo que posee enormes propiedades medicinales (y que está horrible). Favorece al hígado y los riñones y tiene todas las vitaminas del alfabeto (si no te mueres de asco cuando te la comes, claro). En nuestro país se consume desde hace más de dos mil años. Algunas ciudades, en señal de agradecimiento a esta planta tan simpática, la pusieron en su escudo (qué mal gusto) y hasta existen lugares donde se celebran congresos anuales dedicados a la alcachofa. Incluso hubo un poeta que le dedicó una oda, la «Oda a la alcachofa», que ya son ganas. Una de las gracias de esta verdura abominable es la enorme variedad de recetas que se pueden preparar con ella: alcachofas con almejas, con jamón, con cordero, rebozadas, a la plancha, rellenas, al horno, a la cazuela, saltea-das, hervidas... Lo cual significa que para aprenderlas todas hay quien organiza cursillos en la Asociación de Vecinos y hay amas de casa dispuestas a amargar la vida de los suyos que se matriculan en ellos y lo aprenden todo como alumnas aplicadas. Mi madre y la madre de Julia se matricularon en uno de esos cursillos. Casi al mismo tiempo, Julia y yo empezamos a pensar en fundar una Asociación de Víctimas de la Alcachofa y de sus cursillos de cocina monográficos.

Un día se nos ocurrió comentarle a Lisa nuestro odio hacia la *Cynara scolymus*. Sorpresa:

—A mí me encantan. ¿No conocéis la dieta de la al-cachofa? Va muy bien para adelgazar en poco tiempo.

Después de escucharla con atención aprendimos que la dieta de la alcachofa es una verdadera tortura. Consiste en pasar dos o tres días alimentándose sólo de la plantita en cuestión.

—Va muy bien para limpiar el cuerpo de toxinas —dijo.

—Y para morirse del asco —observé,

—A mí me gustan, no sé por qué os dan tanta rabia —contestó encogiéndose de hombros.

Desde luego, hay gustos para todo. El año pasado había una chica en mi clase que se enamoró del ser más pesado de la galaxia, o eso decía ella. Se llamaba Veró-nica. El pesado es Gus, un cerebrito con gafotas y pelo de punta que se sentaba por gusto en la primera fila y que siempre levantaba el brazo para hacer preguntas a los profesores. Intentaron pasarle a un curso superior, pero luego le devolvieron porque tenía problemas de adaptación al grupo. Pobre Gus, creo que aquello le desmoralizó un poco. Tuvo que seguir aguantando a sus mismos compañeros tontos de siempre que, encima, le acribillábamos a preguntas sobre cómo eran los más mayores. Que Gus era listo no lo podía negar nadie. De la misma manera que todos veían que era un poco pasmado.

Al año siguiente, Verónica había desaparecido del colegio. Sus padres habían cambiado de ciudad, creo. Y Gus, por arte de magia o porque tenía que ser así, se enamoró de mí. El mundo a veces está loco, las cosas pasan sin ningún sentido y sólo le complican la vida a todo el mundo. He aquí un ejemplo: el segundo día de colegio, cuando ya me iba a casa, pensando en mi próximo viaje a China y también en ver a mis amigas, Gus se acerca a mí y me dice que le gusto mucho. Así, sin más:

—Me gustas mucho, Analí.

Pensé que era una broma. Me reí un rato en sus narices, pero él permaneció tan serio que no tardé en comprender que Gus no es de los que van por ahí gastando bromas. Me miraba como si le hubieran contado algo terrible.

—¿Va en serio? —le pregunté.

Él se limitó a repetir la jugada:

—Me gustas mucho, Analí.

Y añadió:

—Claro que va en serio.

Menuda sorpresa. Nunca imaginé que el primer chico que me diría que le gusto sería el empollón de la clase.

—Qué bien —le dije, creo que porque no se me ocurría nada más.

—¿Sí? —contestó él—. ¿Entonces?

Entonces nos bloqueamos. Yo no tenía muy claro que me tocara hablar a mí ni que él hubiera terminado lo que tenía que decir. Tampoco se me ocurría nada más que decirle, así que salí por la tangente:

—Pasado mañana vamos de excursión —dije.

Luego él se marchó. Sin más explicaciones. Dio media vuelta, dijo «Nos vemos» y desapareció, arrastrando los pies y la cartera. Mientras le veía marchar pensaba que le quedaría mejor el pelo de otra forma.

Los chicos son un poco raros. O, por lo menos, los que yo conozco se comportan de un modo muy raro. Pensé que Teresa sabría darme algún consejillo sobre el comportamiento masculino a esa edad en que tus padres no te dejan llevar piercing, el gobierno no te deja llevar moto y los profes no te dejan llevar móvil.

—Los chicos nunca hacen lo que esperamos que hagan. Es algo que no se resuelve con el paso de los años. Tendrás que acostumbrarte.

—¿Quieres decir que pasan de nosotras?

Tuvo que pensarlo.

—Mmmm... No. No exactamente. Quiero decir que son como de otro planeta. Actúan según lo que entienden que deben hacer, pero nunca entienden nada.

No pude reprimir una pregunta que mi curiosidad estaba empujando hacia el exterior:

—¿Salvador también es así?

—Sólo a veces. Siempre hay excepciones que confirman la regla —rió.

Lo único que en aquellos días tenía claro era que Gus no me gustaría jamás. No sabía explicar chistes, tenía la nariz demasiado grande, sacaba siempre muy buenas notas, nunca jugaba a nada a la hora del recreo, todos los profesores hablaban bien de él, tenía muchas espinillas en la nariz... ¿Os parecen motivos suficientes? Por ahora, yo iba a librarme de la epidemia de enamoramientos que afectaba a todo el mundo a mi alrededor.

Lisa y Julia, sin ir más lejos. Y no sólo ellas: Hasta la gata de Lisa se había enamorado de un gato siamés muy apuesto con quien se escapaba por los tejados cuando no acudía a visitarla a su terraza. «Qué suerte ser gata —pensaba yo—, puedes salir hasta tarde sin que nadie te riña.»

—Esta noche mi gata se ha vuelto a escapar con el siamés —explicaba Lisa una de cada tres noches—, qué envidia.

También Lisa tenía su siamés particular, sólo que ellos no se iban por los tejados, sino que acostumbraban a verse en la terraza de la academia de verano donde se conocieron. Ella estaba matriculada en un cursillo de cerámica. Parece contradictorio, pero eso es lo que Lisa quiere hacer en la vida: jarrones y botijos. Un cuerpazo como el suyo escondido bajo un mandil, qué despilfarro. Él aprendía a ser escritor en un taller literario. Acababa de instalarse en la ciudad después de pasar varios años viviendo con sus padres en Londres, aunque él había nacido en Alemania, de donde era su madre. En resumen, un fichaje internacional.

—No creo que Pablo esté enamorado de mí —decía Lisa, haciéndose la interesante—, es sólo que tenemos algunas cosas en común.

Lisa estaba coladita por él, aunque el orgullo y la falta de costumbre le impidieran reconocerlo.

Julia lo tenía más difícil, porque su gatito favorito, Arturo, tiene diez años más que ella, es el hermano mayor de nuestra amiga y, además, en ese momento acababa de dejar a su novia. Por no hablar de sus gustos musicales, que son completamente opuestos a los de ella.

—Seguro que escucha a Britney Spears porque no conoce nada más —decía mi amiga, para justificarle.

Y yo, que no sólo no me había librado de la plaga, sino que a mí el virus del amor, además de afectarme al corazón, me afectó al cerebro. No me explico, si no, cómo se me ocurrió escribirle aquella carta vergonzosa a Mike Pita. ¿Queréis un consejo? Si un día se os ocurre una cosa parecida, pensadlo mil veces antes de hacerlo. Y no lo hagáis jamás.

Me sigue dando mucha rabia contarlo: le escribí para decirle lo mucho que me gustaba (primer error: «Nunca hay que contarle a los chicos todo lo que sentimos por ellos», me diría Teresa unos días más tarde). Quería que entendiera bien todo lo que tenía que decirle (segundo error: «Los chicos nunca acaban de entender muy bien»), y no quería que la ortografía o mi mala letra fueran un problema, así que la escribí en el ordenador. En la carta, que era bastante larga, le hablaba de mí, le contaba el origen de mi nombre, mi pasado chino, le dejaba más que claros mis sentimientos hacia él, le contaba intimidades como que tenía toda la habitación forrada con sus fotos y que me sabía su vida (o la parte de su vida que contaban las revistas) al dedillo. Hasta le proponía volver por el barrio a descubrir los locales raros que yo iba a enseñarle y quedarse, de paso, a comer en mi casa. Incluso le conté que mamá prepara un helado de leche merengada buenísimo.

Un mes después Pita no me había contestado. Pensé que tal vez la carta se había perdido, o alguien la había traspapelado, de modo que imprimí otra copia y la volví a enviar a la dirección de su representante. Una semana después seguía sin respuesta, así que repetí la operación, y lo volví a hacer hasta que hube mandado seis copias de la misma carta. Sí, ya sé que pensaréis que me volví loca, pero ni yo misma soy capaz de explicar por qué me comporté de aquel modo. ¿Nunca os ha pasado? ¿Hacer algo llevadas por las muchas ganas que tenéis de que algo pase, hasta el extremo de no daros cuenta de lo que sucede a vuestro alrededor? A mí me ocurre a menudo. No sé, llegué a pensar que alguien igual de colado por él que yo saboteaba mi correspondencia, o que había en correos algún funcionario que coleccionaba las cartas que llegaban a nombre de mi cantante favorito, qué sé yo. El caso es que dos meses y tres semanas después de enviar la primera carta recibí un sobre con el sello de su representante estampado en el remite. Lo abrí con una emoción que no recuerdo haber sentido nunca, pero se me pasó pronto. La carta era breve y concisa. Decía:

«En nombre del señor Pita y en el mío propio, te agradeceríamos que dejaras de acosarle. Muchas gracias.»

¿Entendéis ahora a qué me refería al afirmar que a algunos la popularidad les reblandece el cerebro? ¿Y cuando os decía que me arrepentí mucho de haber obrado como lo hice?

Al principio me llevé un buen disgusto. Pasé una noche en vela por culpa de la rabia que me producía que se hubieran malinterpretado de aquella forma mis palabras. Al día siguiente, cuando mi madre me descubrió arrancando de la pared las fotos de mi ídolo, me limité a explicar:

—Estoy harta de verlas a todas horas.

—Vaya —dijo ella, extrañada—, ¿ya no te gusta Mike Pita?

—Me he dado cuenta de que ir por la calle con alguien famoso debe de ser un rollo. Prefiero un novio anónimo.

Mi madre se alejó riéndose por el pasillo. Mis ocurrencias la divierten. Lo que no sabía era que aquel día yo hablaba en serio. Completamente en serio. Lo mismo le dije a Teresa en cuanto tuve ocasión.

—¡Muy bien pensado! Un novio anónimo y más guapo que ése, que parece Shirley Temple.

No sé quién es Shirley Temple. Decidí inaugurar una sección en mi cuaderno destinada a las cosas pendientes. Apunté aquel nombre enigmático y lo olvidé tres segundos después.

Ya que se lo conté a Pita, voy a explicaros mis orígenes chinos. Empezando por mi nombre, la única cosa que realmente me queda de la niñita que fui antes de que mis padres me conocieran. Mi nombre chino completo era Mei San Li, que significa algo así como «Tercera Ciruela Bonita». A mí también me hace gracia y me parece un poco raro. Más cuando me contaron que los chinos ponen a sus hijos nombres que les vayan a reportar salud o suerte en la vida. La verdad, no sé cómo llamarse Ciruela puede resultar una suerte para alguien, pero algún sentido tendría para quienes me bautizaron. Respecto al número tres, san, me contaron que en ocasiones se llama a los niños por el número que ocupan entre sus hermanos. He de imaginar, pues, que mis padres biológicos tenían otros dos hijos cuando yo nací, por eso a mí me llamaron tres, o tercera.

Siguiendo con la lección de historia, os diré que en China la cuestión de los hijos está un poco fea. Como, aunque el país es muy grande, nacían tantos chinos que no cabían en las casas, el gobierno decidió organizar un poco la situación y prohibió a la gente tener más de un hijo. Las parejas que no soporten a los hijos únicos lo tienen claro en China, porque si desobedecen las órdenes de los que mandan tendrán que pagar un montón de impuestos al estado.

A mis padres adoptivos les gustó mi nombre desde el principio y, aunque ellos habían pensado llamarme Ana, en memoria de mi abuela paterna, decidieron también que conservarían parte de mi nombre original. Entonces se inventaron esta forma tan exótica de llamarme que deja a todo el mundo desorientado: en cuanto llegamos a España me inscribieron como Ana-Li.

—Decidimos que conservaras tus orígenes desde el primer momento —suele explicarme mamá.

A veces pienso en todo esto y me hace gracia: fui la tercera de tres hermanos en un país donde no está permitido tener más de un hijo y resulta que soy hija única en otro lugar donde la gente puede tener tantos hijos como le dé la gana. Qué curioso, ¿verdad? Una vez se lo dije a mamá. Era la excusa mejor que se me ocurrió para explicarle que quería tener un hermano. Dije hermano, pero lo que en realidad me apetecía era una hermana.

—A tu padre y a mí ya nos basta contigo, ¿a ti no? —fue su respuesta.

«Pues no. A mí no me basta conmigo. Estoy harta de ser hija única», pensé. Pero lo que dije fue muy distinto:

—Me aburro.

Algunas semanas después empezaron a hablarme del viaje a China. Igual pensaron que sería una buena forma de que yo dejara de aburrirme y de paso no les sacara más el tema de mi hipotética e improbable futura hermana. Algunos lo considerarían un soborno, pero yo no soy malpensada.

Un día vi un reportaje en la tele sobre niños rusos que vivían en orfanatos en pésimas condiciones. Se lo dije a papá:

—Podríamos adoptar a un niño ruso. Casi los regalan —dije.

Me miró con una expresión muy extraña, como si lo que acababa de decir fuera terrible:

—Pero ¿tú piensas que adoptar un niño es como ir de rebajas? Vamos, hija, estamos hablando de algo muy serio. No puede decidirse a la ligera.

Yo no bromeaba, ni quería decidir cosas sin haberlas pensado. Aunque de hecho, lo tenía todo muy meditado y me sabía de memoria todos los motivos que me hacían desear tener un hermanito, pero no me molesté en aclarar las cosas. Me di cuenta inmediatamente de que me había vuelto una incomprendida y decidí pensar en otra cosa que me resultara un poco más agradable.

Por ejemplo la boda de Teresa. Todo el mundo estaba loco con los preparativos. Lo más emocionante era pensar en el vestido de la novia, especulando sobre cómo iría vestida. Julia quería que su abuela se vistiera de blanco, pero ella bromeaba:

—Mi nieta quiere verme disfrazada de huevo frito, no le hagáis caso.

Fue más o menos en esos días cuando Teresa nos nombró damas de honor. Nos lo dijo una de aquellas tardes que acudimos a merendar a su casa. Había bizcochos con chocolate. Yo me comí mi ración y la de Lisa, a quien se le estaba poniendo cara de alcachofa de tanta dieta del cardo. Fue una tarde llena de sorpresas agradables.

—He pensado que podríais acompañarme a elegir el vestido —nos anunció Teresa de pronto—, así tendré la seguridad de no comprarme una antigualla.

Para nosotras fue una alegría y un orgullo. Julia besó a su abuela en las mejillas y exclamó:

—Gracias, abu, haremos que seas la más guapa. Salvador se va a caer de culo cuando te vea.

Teresa me dirigió una mirada cómplice y, a la vez que me guiñaba un ojo, contestó:

—Ay, hijita, nunca se sabe lo que hace que un hombre se caiga de culo, pero lo intentaremos.

Eso me hizo pensar en Gus. Aquella misma tarde había escrito en mi cuaderno: «Es un plasta, un pesado y un deprimente.» Ahora me da un poco de pena pero, a decir verdad, mi moscón particular se había ganado a pulso los tres adjetivos que le adjudiqué.

Plasta y pesado ya sé que son la misma cosa. Pienso que si alguien se pasa quince días diciéndote a todas horas lo mucho que le gustas (el promedio era de unas tres o cuatro veces al día) no merece que le llames de otra forma. Lo de deprimente llegó al decimosexto día, cuando Gus se acercó a mí con cara de haber suspendido un examen final y me dijo:

—Desde que me gustas estoy triste a todas horas. Se lo dije a Teresa.

—Ese chico es tonto —exclamó—, ¿piensa conseguir que te fijes en él diciéndote estas tonterías?

Me encogí de hombros. Realmente, no entendía qué quería conseguir Gus, ni si quería conseguir algo. Lo único que resultó evidente fue el cambio que había experimentado. Parecía imposible que se volviera más aburrido todavía, pero así fue. La única vez que le di conversación (porque me daba lástima, siempre tan solo y tan callado) me contó algo muy complicado sobre unos cables y muchos watios que había instalado en su cuarto. No entendía nada, pero intenté no bostezar. También me explicó que en verano le gustaba ir a pescar con un señor mayor que era amigo de su padre. Fue lo único que recuerdo de la segunda parte de la conversación. Y no porque no me contara nada más, sino porque mientras él hablaba de gusanos, bidones de gasolina, los caballos del motor y no sé cuántas cosas más, yo estaba pensando en mis asuntos.

—Ese chico es un muermo —dijo Teresa, cuando se lo expliqué—. Tienes que buscar a uno con sentido del humor. Es indispensable que los hombres te hagan reír, nena. Hazme caso.

Me gustaba la manera de ser de Teresa. Y, sobre todo, me encantaba su modo de tratarnos como si fuéramos personas adultas. Ella nunca utilizaba ese tipo de muletillas odiosas que suelen utilizar los adultos para demostrarte su superioridad. Nunca decía, por ejemplo, «eres demasiado joven para entenderlo», ni «ya te lo explicaré cuando seas mayor». Teresa no te sermoneaba, no te daba consejos que nadie le había pedido y tampoco esperaba a que cometieras un error para pronunciar aquellas palabras odiosas: «Ya te lo dije.» En resumen, era una adulta que no parecía una adulta.

Hablando de adultos, por aquellos días todos los mayores de veinte años parecían haberse vuelto locos. Mamá había sacado la maleta del altillo del armario y la tenía, abierta, a los pies de la cama.

—Pero si todavía falta mucho para irnos —observé.

—No importa, así voy preparando las cosas y seguro que no se nos olvida nada.

Me llamó la atención que la maleta escogida era una verde y rígida que nunca antes habíamos utilizado por ser demasiado grande. Se lo dije:

—Has cogido la verde.

Se rió con una risa algo tonta.

—Supongo que compraremos muchas cosas —fue su respuesta.

La madre de Julia seguía obsesionada por aquel drama familiar que sólo ella entendía.

—Ya sé que Salvador es un buen hombre —le decía a mamá—, es sólo que no me voy a acostumbrar a que mi madre esté siempre con él.

En el fondo, sus preocupaciones me parecieron muy egoístas. Prefería ver a su madre sola por una cuestión de costumbre antes que verla feliz al lado del hombre de quien se había enamorado. Y seguía hablando, ahogando los hipidos del llanto:

—No sé qué cara tengo que poner en la boda de mi madre. Es todo tan raro...

Aquello me aburría mucho. Una de esas tardes de relaciones vecinales, decidí escapar de casa a la desesperada. Les propuse a mis inseparables que fuéramos a merendar a la chocolatería de siempre. Aceptaron enseguida, y Julia dijo que vendría acompañada por su abuela.

Nos encontramos donde siempre y tomamos una mesa al asalto. Junto a nosotras, tras el mostrador, me parecía que los pasteles de chocolate negro, blanco, con leche, con avellanas, con almendras y todos los demás me hacían guiños y me pedían que los devorase. Sin embargo, cuando llegó el camarero, mi sorpresa fue mayúscula:

—Yo quiero un zumo de naranja —dijo Lisa.

—Otro para mí —se apuntó Julia.

—Un té verde con limón —pidió Teresa.

Las miré con extrañeza.

—¿Y para esto hemos venido a la chocolatería? —pregunté.

—Estoy con la alcachofa, recuerda —se excusó Lisa.

—Yo no tengo hambre —añadió Julia.

—Y yo tengo que caber en el vestido de novia —concluyó Teresa.

Por un momento, pensé en matarlas de envidia pidiendo una porción de tarta de chocolate negro con crema, pero cambié de opinión y le dije al camarero que me trajera un agua con gas. Me pareció que los pasteles se echaban a llorar, desconsolados, sobre el mostrador.

—¿Se puede saber qué os pasa, chicas?

Teresa resolvió mis dudas con su sinceridad habitual:

—Ay, niña, el amor... El amor es mejor que todas las dietas de la alcachofa imaginables. Tus amigas, de seguir así, van a estar muy delgaditas.

Las miré, sorprendida. Las dos bajaron la mirada.

Mientras sorbía mi agua con gas, me sentí más incomprendida que nunca. Los pasteles me dieron la razón.

el silencio de
los pasmados

El primer sábado después de empezar el curso lo dedicamos a acompañar a Teresa a ver vestidos de novia. Aquella noche apunté en mi cuaderno: «Primer día de tiendas con Teresa y las Supernenas. Un fracaso absoluto.» Empezamos por lo más típico: una enorme tienda en el centro de la ciudad, donde había trajes para todos los gustos. Eso sí, todos blancos o de colores claros. A Teresa no le convencían nada. Pese a todo, se dejó llevar por la insistencia de Julia y se probó un par.

—Parezco una coliflor —dijo, al verse con el primero.

Cuando se probó el segundo exclamó:

—Vámonos de aquí.

Terminamos en la horchatería de al lado tomando agua sin gas.

—Yo quiero algo más... más moderno, un poco más joven.

—Pero abuela, tú ya tienes setenta y cinco años —protestó Julia.

Teresa hizo un silencio, como para meditar las palabras de su nieta, y luego dijo:

—Pues por eso. Vieja ya soy yo. No tiene que serlo también mi vestido.

Tal vez tenía razón.

Visitamos grandes almacenes, pequeñas butics donde todo era carísimo y tiendas especializadas, pero no tuvimos suerte. A Teresa no le gustaba nada y nosotras le dábamos la razón.

—No, no, no —exclamó mientras le probaban un velo que le cubría la cara. La dependienta, muy sonriente, había dicho que estaba hecho de tul ilusión.

Estaba claro que Teresa no sabía lo que quería, pero sí sabía lo que no quería.

—¿Tul ilusión? Menuda ridiculez. Yo no me caso llevando nada que se llame así —dijo, al salir de la tienda.

La última palabra, y también la más pragmática y sesuda, la dijo Lisa al observar:

—Pues faltan menos de dos meses para tu boda, Teresa. Tendrás que pensar en algo.

—Lo haré. Por supuesto que lo haré —y añadió, con un cierto aire de niña traviesa—: ¡Pero no pienso vestirme de huevo frito!

Después de una semana de acoso por parte de Gus, decidí tomar cartas en el asunto y buscarle una novia. Quería que se fijara en otra para que así me dejara en paz. También me intrigaba la posibilidad de ver a Gus contento. Pensaba que así me sentiría mejor. Empecé por elegir a la candidata perfecta de entre todas las chicas de mi clase. Maite se creía demasiado guapa: seguro que Gus le parecía poco para ella y no querría salir con él. Margarita era demasiado alta. Neus era demasiado lanzada, demasiado impertinente, demasiado chillona. Nuria, demasiado delgada para un rellenito. Marta, demasiado gorda. Montserrat, demasiado tímida. Después de descartar a muchas, sólo me quedaba Elisenda. Era repelente, siempre con sus libros tan bien forrados y los calcetines tan limpios, pero estaba un poco rellenita y era la más empollona del otro grupo. Además, había otra coincidencia interesante: los dos eran delegados de curso, los dos llevaban gafas, los dos sacaban sobresaliente en matemáticas, los dos se quedaban a estudiar durante el recreo. Eran tal para cual.

Probé con un método muy poco original pero que, pese a que todo el mundo lo ha utilizado alguna vez, sigue funcionando. Me acerqué a Elisenda y le dije, muy seria, muy creíble, muy en mi papel:

—Ya me he enterado. Felicidades.

—¿De qué? —preguntó ella con cara de sorpresa, exactamente como yo esperaba.

—De que sales con Gus.

Elisenda cambió su cara habitual de pasmada por otra de pasmada sorprendida.

—¿Qué Gus? ¿El delegado del otro grupo?

—Sí. Como hace tanto tiempo que está loco por ti, me alegré mucho por él. Me cae muy bien.

—¿Hace tiempo? ¿Cómo lo sabes?

—Todo el mundo lo sabe —contesté, con la misma naturalidad con que le hubiera dicho algo obvio.

—¿Ah, sí? Yo pensaba que le gustaba Vero.

Después de todo, Elisenda no estaba tan fuera del mundo como yo pensaba. Me sorprendió que estuviera tan bien informada pero ni así logró pillarme. Reaccioné enseguida:

—¿Qué Vero?

—Verónica, aquella chica que se fue a vivir a otra ciudad. ¿No te acuerdas?

—Gus nunca me habló de ninguna Vero —negué, como si no supiera de quién me estaba hablando—, en cambio de ti me ha hablado muchísimas veces.

—¿Ah, sí?

—Y el otro día me pidió tu dirección de correo electrónico, pero yo no la tenía.

—¿Te pidió mi dirección? ¿Para qué?

Aquella conversación comenzaba a aburrirme. Elisenda cada vez me parecía menos espabilada.

—Imagino que debe de querer escribirte.

—¿Ah sí? —repitió ella.

Dejé a Elisenda pensando en el asunto, no poco preocupada, después de darme su correo, que yo apunté en un pedazo de papel. La primera parte de mi plan había salido de maravilla. Ahora faltaba la segunda parte. Para eso necesitaba a Gus. Le encontré en la biblioteca, muy concentrado en el libro de Naturales. Me senté frente a él y le dije (bajito, pero lo bastante fuerte para que me oyera):

—Elisenda acaba de decirme que le gustas mucho.

Aquella tarde le tocaba vigilar a Rosa, la de inglés, que me miraba con la desconfianza de quien espera que en cualquier momento hagas algo malo.

—Eso te lo estás inventando. Seguro que a ella le has dicho lo mismo. Es un viejo truco.

Reconozco que me pilló por sorpresa. Gus era más listo de lo que había imaginado. No supe qué contestar. Él aprovechó mi silencio para poner cara de listo y decir:

—¿Lo ves? Tengo razón.

Ya iba a decirle la verdad: que sí, que tenía razón, que era un truco muy viejo y que me había descubierto, cuando se me ocurrió una idea genial:

—¿Y no te interesa saber qué ha dicho ella? —pregunté.

—No —contestó Gus, volviendo a las Naturales.

Rosa me miraba levantando la barbilla y las cejas, como si estuviera muy interesada en lo que estábamos haciendo.

El interés de Gus por la función fotosintética duró lo que tarda una mosca en lavarse la cara. Es decir: siete décimas de segundo, aproximadamente. Enseguida volvió a levantar la cabeza del libro y preguntó, en un susurro prudente:

—¿Qué ha dicho ella?

«Ajá —pensé—, aquí está mi oportunidad. Lástima no haber tenido un poco más de tiempo para planificar mejor mi estrategia.» Aunque, considerando precisamente eso, creo que no me salió mal del todo.

—Que eres el tío más interesante del colegio, además del más listo.

Aquello era sólo una mentira a medias. Todo el mundo sabía que Gus era el más listo, aunque no se molestara en decirlo. Él meditó un momento mis palabras. No parecía muy satisfecho. Detrás de sus gafotas se veían un par de ojos inquietos de color clarito. «Si no llevara gafas se le verían mucho mejor», pensé.

—Creo que eso no es muy buena señal —dijo.

—¿Cómo que no? —me apresuré a contraatacar—. Todo lo contrario. Que una chica diga que eres inteligente es lo mejor. Y más si lo dice alguien como ella.

—Ella sí es inteligente —observó, poniendo cara de tontorrón.

—La más inteligente del colegio —exageré.

—Pero Elisenda no dijo que yo sea inteligente. Dijo listo. No es lo mismo.

Estuve a punto de propinarle un pescozón. Por bobo. En lugar de eso, le tendí el papelito donde había anotado el correo electrónico de Elisenda.

—Toma.

—¿Qué es? —preguntó, mientras lo miraba como si fuera un bicho que amenazaba con picarle.

—Su correo electrónico. Me ha pedido que te lo dé.

Rosa se levantó de la silla y empezó a caminar hacia nosotros. De pronto, se me aceleró el corazón y traté de parecer muy interesada en el libro de Naturales de Gus.

—¿Y yo para qué lo quiero? —preguntó, intentando disimular.

Al parecer, Gus sólo utilizaba sus neuronas para empollar, porque para el resto de las cosas demostraba ser bastante torpe. Se lo dije, y creo que levanté demasiado la voz:

—Qué torpe eres, Gus. Así no llegarás a ninguna parte.

—¿Qué quieres decir? —preguntó él, con aspecto de no enterarse de nada.

Traté de señalarle con la cabeza a la de inglés, en sus maniobras de aproximación a nosotros, pero no se dio por aludido. Siguió insistiendo en lo suyo:

—Dime, Analí, porfa. ¿Por qué crees que soy torpe?

En éstas estábamos cuando Rosa aterrizó a nuestro lado.

—¿Qué pasa aquí? —preguntó, con ese inconfundible aire de autoridad militar que tienen los vigilantes de la biblioteca—. ¿No sabéis que aquí se viene a trabajar?

—Estamos trabajando —salté yo.

—¿Ah, sí? ¿Y cómo? ¿Explicándoos la última película que habéis visto?

Me quedé sin habla. No sabía qué contestar. De qué decirle que estábamos hablando. Por una vez, Gus despertó de su letargo, tomó la iniciativa y contestó a la de inglés con una energía sorprendente:

—Estábamos intercambiando opiniones, señorita, sobre la función fotosintética en las plantas de hoja grande. Yo le preguntaba a Analí si cree que es diferente a la que tiene lugar en las de hoja pequeña. Ella no lo sabe. ¿Por casualidad nos podría orientar?

Ante este discurso, Rosa se quedó tan boquiabierta como yo. Tardó unos segundos en contestar y lo hizo con un tono que parecía de enfado:

—Pues no, Gus, yo no lo sé, pero seguro que vuestro profesor de naturales os podrá ayudar.

Antes de irse, sin embargo, volvió a su estilo militar para recordarnos lo que ya sabíamos:

—Si no sois capaces de estar en silencio, tendréis que salir fuera a discutir sobre la función fotosintética, chicos.

Gus me miró esperando una respuesta. Y yo se la di completamente convencida:

—No Gus, ya no creo que seas torpe. Lo retiro.

Segunda jornada en busca del vestido de novia de Teresa. Esta vez fuimos a ver a una modista amiga suya que tenía un taller de costura en una zona apartada del centro. Fue una tarde muy interesante. La costurera amiga de Teresa se llamaba Exaltación, pero no le gustaba que nadie la llamara así. Teresa nos lo explicó:

—Le pusieron el nombre del santo del día en que

nació, a la pobrecita. Antes se les hacían estas cosas a los niños. A otro amigo mío, por el mismo motivo, le pusieron Canuto, ¿os imagináis? Ella prefiere que la llame Cleo. Por Cleopatra, un personaje a quien admira mucho.

Cleo era una mujer menuda, casi en los huesos, con la piel más arrugada que he visto en la vida (tenía la misma edad que Teresa, pero aparentaba el doble), los labios pintados de rojo pasión, el contorno de los ojos delineado por una gruesa línea oscura y el cabello teñido de un negro muy negro y recogido en un moño. Iba enfundada en un vestido verde esmeralda que le llegaba hasta los tobillos y brillaba cuando le daba la luz. Llevaba unos zapatos de tacón que no se hubiera puesto ni mi madre y olía a un perfume dulzón un poco empalagoso. En pocas palabras: era la mujer más rara que he visto nunca. Y también una de las más simpáticas.

—Qué alegría más grande me dio tu llamada —fue su saludo, mientras besaba en las mejillas a Teresa—. Y éstas son tus jóvenes amigas, ¿verdad? —preguntó, volviéndose a mirarnos.

—Eso es. Además, ésta es mi nieta —dijo Teresa, señalando a Julia.

—Pasad a la cueva de Alí Babá —nos invitó Cleo, con la mano extendida en dirección al interior de su establecimiento.

Tenía razón en que algo de cueva maravillosa tenía aquel lugar. Estaba iluminado por la luz del sol que se filtraba por los ventanales del fondo, y que se desmayaba sobre decenas de maniquíes vestidos con ropas de colores vistosos y brillantes. Todo parecía de otra época: el mobiliario, las telas que se amontonaban por todas partes, los zapatos que asomaban por cualquier rincón y hasta los maniquíes, que parecían llevar siglos en el mismo lugar, siempre en la misma postura.

Lo más alucinante era la ropa. No sé si me atrevería a lucir uno de los modelos salidos de las manos y el ingenio de Cleo, pero hay que reconocer que eran preciosos. Mis amigas y yo nos mirábamos, entre asustadas y sorprendidas, y con los ojos parecíamos preguntarnos qué clase de vestido de novia podía salir de un lugar como aquél. Cleo tenía la respuesta:

—Vas a ser una novia muy original —le dijo a Teresa, mientras rebuscaba en sus armarios para dar con unos patrones—. Tú déjame a mí.

—La ropa que haces es alucinante —exclamó Lisa de pronto, mientras se miraba en un espejo abrazada a uno de los modelos de Cleo.

—Muchas gracias, preciosas. ¿Y sabéis lo mejor de todo? Nunca lo diríais. Soy daltónica.

Por nuestras expresiones confusas supuso que necesitábamos una explicación.

—Soy de esa gente que no ve bien los colores. No es un mal muy frecuente entre mujeres. Hay una entre un millón. Me fue a tocar a mí, qué gracia, ¿no?

Teresa se reía, despreocupada. Parecía muy dispuesta a dejarlo todo en manos de su amiga, por mal que viera los colores. Nosotras curioseábamos entre los vestidos increíbles que había por todas partes. Era como haber entrado en una tienda de disfraces.

—Probaos lo que queráis, chicas —dijo Cleo, abarcando todo el taller con un movimiento de sus brazos—. ¿A alguien le apetece un té con menta?

—No me gusta el té —se apresuró a contestar Julia.

En realidad, Lisa y yo estábamos de acuerdo con ella.

—Tonterías —zanjó Teresa, con un movimiento resuelto de su mano derecha—, las chicas tomarán un vasito de ese delicioso té que preparas. Así sabrán que les gusta el té.

Mientras las dos viejas amigas charlaban, nosotras jugamos a las transformaciones. En una caja de cartón que estaba arrinconada en cualquier parte encontramos un par de docenas de sombreros a cual más exótico. Los había con plumas, con redecilla, con enormes lazos, y todos eran de colores muy vivos. Nos divertimos mucho paseando de un lado para otro con aquellas cosas tan aparatosas en la cabeza. Luego nos probamos los zapatos. Sólo Lisa tenía un poco de práctica cuando se trataba de andar sobre los tacones altos, o sobre las plataformas. También nos envolvimos en algunas telas brillantes que esperaban su turno en cualquier parte.

—Aunque os parezca mentira, nos conocimos en la escuela de corte y confección —explicó Teresa.

—¿Tú también coses, abu? —preguntó Julia.

Teresa dejó escapar una carcajada:

—Eso le hubiera gustado a mi pobre madre, que lo intentó todo con tal de hacer de mí una mujer de provecho. Pero la costura no era lo mío, ¿verdad, Cleo?

Cleo también explotó de risa al recordar sus años de formación:

—Eras tan torpe... Parecía que cosías con los pies.

Cleo sirvió el té en unos vasitos de cristal que descansaban sobre pequeños platos dorados. Dentro de cada vaso se veían unas hojitas de hierbabuena y una cucharita igualmente diminuta.

—Probadlo —nos animó Cleo cuando sirvió la infusión humeante.

Aquella noche apunté aquella experiencia en mi diario. También el descubrimiento del té. Escribí:

«Otra cosa que no sabía: el té verde con hierbabuena me gusta mucho.»

Las tardes de los domingos resultan deprimentes. Hay tanta gente que lo cree que últimamente hasta se organizan por Internet. Conozco una página web de internautas antidomingueros que se llama Odiolosdomingos.com. No se puede negar que quien la ideó es un genio. ¿O tal vez una genia? Nosotros no éramos la excepción. Por eso habíamos encontrado un modo de entretener las deprimentes tardes de los domingos: nuestras maratones de vídeo.

Lo normal era organizar una maratón de películas de miedo (nuestras favoritas) o de risa. Una vez decidimos montarnos una sesión de Walt Disney, pese a la seria oposición de Arturo, que casi siempre se sumaba a nuestros planes. Bueno, en realidad fui yo la que insistió en que viéramos *El libro de la selva*, *La sirenita* y *La bella y la bestia*, mis favoritas. Me sé todas las canciones de memoria y no me avergüenzo al reconocer que me gusta cantarlas, y que suelo hacerlo, y a todo pulmón, cada vez que se me presenta la oportunidad. Cuando se lo dije, Julia y Lisa me miraron como si se me hubiera ocurrido algo inconveniente.

—Son películas para niños pequeños —opinaron, con ese tono de gran verdad que sólo utilizan los que están equivocados.

—Menuda estupidez. No existen películas sólo para niños pequeños.

No sólo invitábamos a Arturo porque acababa de cortar con su novia, la insoportable Anamaría, y porque Julia estaba coladita por él y queríamos encontrar el modo de que él se diera cuenta, pero sin pasarnos (si lo pensáis bien, eso era lo más difícil). Además, las sesiones de cine sin descanso tenían lugar en el ático de Arturo, donde Lisa se instalaba todos los fines de semana. Ya que él aportaba su televisión, su vídeo, su sofá, su casa y casi siempre sus bebidas, sus pipas con sal y sus palomitas de maíz, pensamos que lo mínimo que podíamos hacer nosotras era invitarle.

El domingo del que voy a hablar habíamos decidido (sin contar con la opinión de Arturo, claro) organizar una maratón de pelis de actores guapos. Por eso habíamos alquilado *Seven*, *El Zorro* y *Misión imposible*. Una mezcla un poco extraña, lo sé, pero sobre gustos no hay nada escrito, según dicen. No habíamos hecho más que poner en el vídeo la primera cinta cuando sonó el teléfono. Contestó Lisa y enseguida le pasó el aparato a su hermano.

—Es Anamaría —informó.

Inmediatamente hubo cruce de miradas entre nosotras. La cara de fastidio de Julia era evidente.

Arturo se puso al aparato mientras nos hacía un gesto para que no interrumpiéramos la película. Susurró varias frases por el auricular, que ninguna de nosotras logramos descifrar y después de colgar desapareció tras la puerta de su cuarto.

—Esa boba vuelve al ataque —dijo Lisa, mordisqueando una pipa.

—Qué asco —opinó Julia, removiéndose en el sofá.

A Julia aquella inesperada cita de nuestro anfitrión acababa de amargarle toda la tarde.

Arturo no tardó en salir, peinado, oliendo a colonia y con unos vaqueros nuevos. Se despidió con un escueto:

—Hasta luego, chicas.

Y se marchó.

Aquel domingo no le vimos más el pelo, ni tampoco supimos cómo había sido su reconciliación con Anamaría, si es que se habían reconciliado. Nosotras seguimos con nuestra sesión de películas y la expresión de

Julia no mejoró ni siquiera cuando Antonio Banderas empezó a bailar con Catherine-Zeta Jones en versión mexicana. Tampoco cuando Lisa le dijo:

—Mi hermano es tonto, ya te lo dije.

Llegué a casa a la hora de cenar y encontré a mi madre mirando con mucha atención la maleta, con una mano sobre la frente y gesto de estar estrujándose el cerebro.

—¿Qué haces? —le pregunté.

—No sé si debería meter los bañadores o no —contestó.

—¿Los bañadores? ¿En esta época del año?

—Estoy hecha un lío. Cuando venga tu padre le preguntaré.

Miré lo que había en la maleta: un par de guías turísticas, una de ellas de Pekín, unas zapatillas de deporte (de papá), los pijamas de los tres, cinco carretes de fotos, seis pares de calcetines (todos de papá), una plancha de viaje, dos paquetes de pañuelos desechables, una caja de aspirinas y un pequeño parchís magnético.

—¿Para qué es el parchís? —pregunté.

—Para entretener las esperas.

No entendí muy bien a qué esperas se refería, pero me pareció una buena idea. Me encanta jugar al parchís. Siempre me pido el amarillo. A veces gano, pero perder también es divertido.

De pronto me fijé en una bolsa negra de lona que estaba a los pies de la cama. Parecía muy llena y estaba cerrada con un candado.

—¿Y esto qué es? —pregunté.

Me pareció que mamá no esperaba que le hiciera esa pregunta. Su respuesta fue escueta (raro en ella), con voz entrecortada, mientras se frotaba las manos, como si se estuviera poniendo nerviosa.

—¿Esto? Ah, nada. No tiene importancia. Cosillas de tu padre y mías. —Y se rió como un conejo mientras, de un puntapié, empujaba la bolsa debajo de la cama.

«Vaya, qué interesante —me dije—, una bolsa misteriosa va a venir a China con nosotros.»

yi jianjidàn significa
un huevo frito

Es fantástico que la gente se pelee constantemente, porque así luego tienen la ocasión de reconciliarse. Por lo que he podido observar, las reconciliaciones suelen ser proporcionales a las peleas. Si la pelea es insignificante, una simple discusión sin mayores consecuencias, la reconciliación es tan poca cosa que no merece la pena. En cambio, si la pelea es de las que hacen historia —con muchos gritos, portazos, insultos y algún que otro plato roto—, la reconciliación es de las que no deben dejarse escapar por nada del mundo.

Me hubiera gustado estar presente en la reconciliación de Arturo y Anamaría. Ese tipo de cosas deberían echarlas por la tele, en lugar de tanto deporte a todas horas. Después de todo, no es tan distinto: aquí también hay emoción, también suele ganar el mejor, a veces alguien actúa como árbitro (aunque sin silbato) y muchas veces tiene que jugarse una segunda vuelta a los pocos días. Ah, y siempre hay uno (o varios) a quien el resultado no le gusta. Ya os podéis imaginar quién fue, en este caso, esta persona: Julia, por supuesto. La reconciliación de Arturo y su antigua novia no le hizo ninguna gracia.

—Supongo que ahora tendremos que prescindir de él cada vez que organicemos una sesión de vídeo —dijo con ojos tristes.

Sin embargo, hubo nuevos fichajes en nuestras maratones de películas. El primero en incorporarse fue Pablo. Venía de vez en cuando, y casi siempre traía la película. Tenía unos gustos un poco raros. Yo, por ejemplo, no tenía ni idea de que en Noruega rodaban películas hasta que él trajo una sobre dos tipos muy curiosos (y un poco chalados) que acaban de salir o de escaparse (no me quedó muy claro) de un psiquiátrico de Oslo (creo). Era divertida, aunque no pasaba absolutamente nada. Bueno, hacia el final uno de los dos se bañaba desnudo en un lago donde parecía hacer mucho frío. En cambio los protagonistas no paraban de hablar. Y Pablo, que se reía todo el rato, repetía una y otra vez:

—El guión es buenísimo.

No estuvo mal, pero yo me lo paso mucho mejor con pelis en las que siempre hay un malo a punto de destruir el mundo y un señor de Estados Unidos que lo salva por los pelos. El malo siempre es ruso o extraterrestre y el bueno suele estar buenísimo. Creo que Lisa opinaba como yo, pero que el enamoramiento le había afectado al cerebro de tal manera que ya no sabía distinguir entre una peli de marcianos y otra de noruegos. Quizá porque mientras las veíamos, y mientras

Pablo se reía y decía que el guión era buenísimo, ella comía pipas con mucha lentitud y miraba a su chico por el rabillo del ojo. Lo sé porque yo tampoco miraba la peli.

El resto de cosas que le gustaban a Pablo eran igual de estrambóticas: la comida japonesa, la ópera, el *Quijote* (me refiero al libro), el ajedrez y los búhos. Los búhos sólo le gustaban de cerámica y no muy grandes, para su colección. Tenía más de quinientos. Cuando salía el tema solía decir:

—Los búhos son el símbolo de la inteligencia.

No es que no me gusten los tíos con gustos diferentes. El día que encuentre a alguien quiero que sea inteligente y original. La belleza me da igual, aunque nunca está de más. Lo único que me importa de verdad es que no tenga tripa. Nunca. Y también quiero que sea sensible. Creo que eso es más difícil, pero albergo la esperanza de que alguno habrá, aunque sea en una galaxia muy lejana. Pablo era inteligente, sí, pero también un rato guapo. De pelo liso y castaño, labios gruesos, piel tostada, ojos verdes, muy alto, musculado (ni mucho ni poco). La verdad, prefiero no describirle más, porque es el chico de una de mis mejores amigas. Por el mismo motivo nunca me fijé en él. De todos modos, él nunca se hubiera fijado en mí, porque mide exactamente el doble que yo, lo cual significa que le llego, más o menos, a la cintura. Bueno, tal vez exagero un poco. Lo nuestro hubiera sido una relación dimensionalmente imposible.

Aunque tal vez no hay en el mundo tantas cosas imposibles como tendemos a pensar. Elisenda y Gus, por ejemplo. Gus escribió a Elisenda. Elisenda le contestó. No puedo imaginar qué se dijeron. A los tres días iban juntos hasta al cuarto de baño (esto también es una exageración, pero bastante aproximada). Cada tarde se les podía ver en la biblioteca, cambiando impresiones sobre la función fotosintética y otras cuestiones fundamentales. A la hora del recreo, se quedaban juntos a comerse el bocata en el pasillo y a la salida, caminaban juntos el trecho común que les separaba de sus respectivas casas. Hablaban muy bajito, como si sus cosas no les importaran a nadie y cuando cualquiera les preguntaba sobre su relación (casi siempre alguna impertinencia) sacaban un mal genio nunca visto para decir:

—Y a ti qué te importa.

Creo, sinceramente, que me daban un poco de envidia.

Los preparativos para la boda del año seguían adelante. Uno de aquellos días, al llegar a casa, me dijo mi madre:

—Esta tarde vendrá Julia a buscarte. Tenéis que ir donde la modista de su abuela, a ver no sé qué.

—Es una prueba de colores o algo así —me informó Julia, cuando la llamé para quedar.

Teresa no vendría aquella tarde. Tenía que ir con

Salvador a escoger las alianzas y a hablar con unos músicos.

Antes de que yo me fuera, llegó la madre de Julia. Ya no se molestaba en traer los pañuelos de papel desechables. Mamá había comprado para ella un par de cajas, que dejó sobre la mesa de la cocina. Siempre que venía se sentaban allí a hablar de sus cosas. Es un decir: en realidad, la que hablaba era nuestra vecina y mi madre sólo la consolaba de vez en cuando, mientras tomaban café. Aquel día no fue una excepción. Al marcharme pude oír un fragmento insignificante de la conversación:

—Se ha vuelto loca. No quiere casarse por la Iglesia. La ceremonia se hará en rumano. Y encima la costurera es daltónica.

Cleo-la-costurera-daltónica nos esperaba muy contenta, con tres vasitos de té a la menta preparados. Lisa estaba impaciente por ver el vestido.

—No tengáis prisa, niñas —decía Cleo, cerrando un par de párpados de color verde esmeralda—, que la prisa es mala consejera. Todo a su debido tiempo. Eso lo aprendí en África. Allí se ríen mucho de nuestras prisas constantes. Les parecemos una raza de gente desgraciada, siempre de un lado para otro sin llegar nunca a ninguna parte.

—¿Has estado en África? —le preguntamos.

—Sí, varias veces.

—¿Hay leones? —pregunté enseguida.

Cleo sonrió despacio. Era una sonrisa un poco triste que en ella resultaba extraña.

—En África hay muchas sorpresas.

—¿Y qué hacías tú allí? —quiso saber Lisa. Ser un poco impertinente forma parte de su personalidad. Quienes la queremos sabemos perdonárselo.

Cleo entornó los ojos, como si recordara algo muy agradable y muy lejano.

—Tener un novio africano. Eso hacía yo allí.

Ninguna de las tres esperábamos esa respuesta. No sé por qué, Cleo nos parecía de ese tipo de mujeres a quienes nunca imaginarías casadas o madres de familia. Sin embargo, las personas mayores también han hecho cosas interesantes.

—¿Y te casaste con él? —preguntó otra vez la más impertinente de las tres.

—Me hubiera gustado —dijo Cleo—, pero no fue posible.

Aquella conversación nos tenía el alma en vilo. Era peor que una película de suspense, porque era real.

—Desapareció —dijo la modista, mientras apuraba su té a la menta.

Durante unas décimas de segundo nos quedamos esperando que la frase continuara, que nos dijera algo más, algún desenlace más parecido al de las películas que acaban bien, alguna explicación. En lugar de eso, Cleo se levantó y se fue en busca de unas telas que quería enseñarnos.

—¿Murió? —nos preguntó Lisa, a quien aquel final también la había indignado.

Nos encogimos de hombros. Nosotras también

queríamos saber qué fue de él. Por suerte, Cleo nos sacó de dudas:

—Salió de safari y no regresó. Ninguno de los que fueron con él lo hizo. Un total de siete personas. No se encontraron los cuerpos ni se volvió a saber de ellos nunca más.

Se hizo un silencio terrible en el que no reparamos hasta que Cleo calló. Creo que ella debió de darse cuenta, por eso buscó el mando a distancia de su cadena de música y de inmediato comenzó a sonar algo que parecía salsa: «Cuando Tronquillo nació ya era tuerto y medio calvo / namás le vieron la cara se persignó todo el barrio.»

—Es mi antídoto contra la tristeza —dijo, recuperando su expresión habitual—. Nunca falla. Y ahora, venid, hay que ponerse manos a la obra.

Las telas que tenía preparadas para nosotras estaban en un pequeño probador, sobre una silla.

—Tengo algunas ideas sobre vuestra indumentaria que agradarían a Teresa —dijo Cleo. Y añadió—: Siempre y cuando vosotras queráis colaborar, claro.

No sé qué pensaréis, pero la imagen que yo me había formado de tres damas de honor de entre once y doce años era más bien clásica. Cursi, diría yo. Imaginaba esas niñas envaradas que salen en las revistas del corazón cuando se casa alguien de alcurnia: flores en el pelo, lazos en la espalda, vestidos de raso y zapatitos de charol horribles. Las Supernenas nunca nos pondríamos eso, y las tres lo sabíamos. Por eso cuando

Cleo habló de vestirnos igual que la novia, a las tres nos dio un ligero malestar, algo así como un retortijón, que ninguna de nosotras demostró, por supuesto. Sin embargo, todo se nos pasó cuando vimos las telas. Eran brillantes, gruesas, de colores chillones: lila, verde y fucsia. Parecían los vestidos de una fiesta de carnaval.

—¿Os gustan? —preguntó Cleo—, hay una para cada una.

—Son muy bonitas —habló Julia—. Pero parece que no ligan demasiado.

—Tonterías —zanjó Cleo—. A ver, Lisa, ponte aquí, bajo la luz, que yo te vea.

Lisa obedeció y se situó bajo el foco de luz, frente al espejo. Nosotras permanecíamos atentas a la operación un par de pasos más allá. Cleo colocó la tela sobre los hombros de Lisa, la recogió en un drapeado a la altura de su ombligo y se retiró un poco para mirarla.

—Guapísima —sentenció, muy satisfecha.

Cuando me tocó el turno a mí, Cleo repitió los mismos movimientos. A mí me correspondió la tela de color fucsia.

—¿No es un poco llamativo para una boda? —pregunté.

Cleo se detuvo de pronto y me miró. Un par de alfileres asomaban por la comisura de sus labios. Frunció el entrecejo.

—¿Qué significa llamativo? —parecía enfadada.

—No sé... —Me confundió ver aquella reacción suya—, vistosos. Chillones —dije.

—¿Tú no eres china? —inquirió.

Asentí.

—Tengo entendido que en China las mujeres se casan vestidas de color rojo. El color de la pasión, de la intensidad, un color muy bonito. Y muy alegre, por cierto. Y en África, las mujeres se casan con sus mejores galas, por supuesto, que son de los colores más vivos, y también doradas, o plateadas. Y se adornan con llamativos pendientes y grandes pulseras y collares que aquí nos parecerían una exageración. ¿No pensáis que esa indumentaria refleja mucho mejor la alegría de una boda que los aburridos colores pálidos que aquí suelen llevar nuestras novias? En los países orientales, el color blanco significa dolor. El luto por la muerte de alguien, por ejemplo, se expresa vistiendo de blanco.

Pensé en los vestidos de novia que había visto y me acordé de Teresa, afirmando, muy categórica:

—¡Yo no pienso vestirme de huevo frito!

Por cierto, según el apéndice de nuestra guía de Pekín, titulado «Hable chino sin dificultad», un huevo frito en chino mandarín (que es la modalidad que más se habla en mi país), se dice «yi jianjidàn». Cosas así de útiles nos tenían, aquellos días, sorbido el cerebro.

Tal vez Cleo tenía razón, pero no podíamos evitar sentirnos un poco extrañas. Y había algo más, que ninguna de las tres nos atrevimos a confesar hasta un rato más tarde, después de abandonar el taller. Sabíamos que la amiga de Teresa era daltónica. Ella misma nos lo había dicho: no distinguía algunos colores y confundía otros, o algo así. ¿Quién nos garantizaba que no estaba confundiendo todos aquellos colores de las telas que nos probó? ¿Cómo podíamos estar seguras de que no confundiría los de la novia? ¿Y cómo podíamos decírselo sin que pensara que éramos unas entrometidas? ¿Qué pasaría si Teresa aparecía el día de su boda con un vestido mitad lila, mitad verde?

Julia tenía la respuesta exacta a esta fundamental pregunta:

—Que a mi madre le dará un ataque, seguro.

Al llegar a casa aquella tarde cobró un sentido especial todo aquello que Cleo nos había contado acerca de cómo nos ven los africanos. Papá no había llegado y mamá corría de un lado para otro sin mucho sentido: se le quemaba la cena, sonaba el teléfono, tenía que poner en marcha la secadora, había una vecina detenida en el rellano esperando una taza de pan rallado, la maleta estaba abierta sobre la cama, la tele gritaba demasiado y ella aún no había aclarado su lío relacionado con la ropa y las estaciones del año. En éstas llegó la madre de Julia con su habitual carga de preocupaciones sin solución y yo decidí por mi cuenta y riesgo encerrarme en el cuarto de baño, darme una ducha y leer un tebeo. Ésa es mi particular terapia contra el estrés.

Aquel día, la conversación entre las dos vecinas fue un verdadero juego de los disparates.

—Mi madre quiere organizar un almuerzo familiar para que nos conozcamos antes de la boda y yo no sé qué ponerme —decía la madre de Julia.

—Ay, yo también tengo dudas acerca de la ropa que debemos llevarnos al viaje. ¿Tú cogerías chubasqueros? —contestaba mi madre.

De pronto sonó el teléfono, se hizo un silencio de veinte segundos y mi madre llamó con los nudillos a la puerta del cuarto de baño.

—¿Dónde te metes, hija? Es para ti —anunció—: es Julia.

—Mi abuela y Salvador han organizado una comida para que todo el mundo se conozca —me informó Julia—. En una terraza, junto al mar. Dentro de un par de semanas, justo después de vuestro viaje.

Escuché en silencio la explicación de mi amiga antes de decir que sí, que ya lo sabía, que su madre no sabía qué ponerse para la ocasión y que algo raro pasaba en mi casa con los preparativos del viaje, porque la mía estaba desconocida. Le dije que nunca antes había visto a mamá tan nerviosa, tan acelerada, tan rara. Ni a papá tan ocupado. Que me parecía que había gato encerrado en tanta ausencia de papá y tantos nervios de mamá.

—Igual tu padre tiene una amante —dijo de pronto, con voz de mucho misterio y mucho suspense. Y añadió—: Lo dicen en las películas.

—No digas tonterías —repliqué yo—, si no puede ni con mamá.

Prometió ayudarme a investigar el misterio. Ya íbamos a colgar cuando llamó mi atención:

—Por cierto, Analí, hablando de gatos. ¿Sabes algo de Arturo?

—Nada —mentí—, nada en absoluto.

En realidad, Arturo se había marchado con Anamaría a pasar unos días por ahí, a un lugar con un nombre horrible del que nunca consigo acordarme. Verruga, Arruga... algo así. Un sitio con playa donde los padres de la pelirroja tenían un apartamento con bonitas vistas a una autopista pero a una distancia prudente del mar.

—Lo que tienes que hacer es buscarte uno de nuestra edad. No podemos competir con Anamaría, resígnate. No tenemos teléfono móvil, no nos dejan dormir fuera de casa, no nos maquillamos, no nos dejan entrar en las discotecas. Ni siquiera usamos sujetador porque no hemos terminado de crecer. Olvídate de Arturo —le decía yo, dispuesta también a explicarle cuál había sido mi sistema para olvidar a Mike Pita.

Sin embargo, Julia no me hacía ningún caso.

—Yo prefiero esperarle —decía ella—, llegará un momento en que la diferencia de edad no será tan importante y yo podré hacer todas esas cosas, aunque lo del sujetador no lo veo nada claro. Además, yo soy mucho más interesante que Anamaría.

Pobre Anamaría. Desde que la encerramos en el cuarto de baño no había querido volver por el estudio de su novio. Yo habría hecho lo mismo, francamente. Y más valía que no volviera por allí o las dos locuelas de mis amigas volverían a inventar para ella deliciosas e inofensivas torturas. Todo con tal de que dejara en paz a Arturo.

—No durarán ni dos semanas —pronosticaba Lisa, tal vez con la intención de animar a Julia—. Sólo tienes que esperar.

En eso Julia tenía algo de paciencia china y algo de sabiduría africana. Escuchaba cuanto le decíamos y replicaba, muy segura:

—Esperaré. No hay prisa.

Los efectos que un enamoramiento causa en las personas son imprevisibles. Hay gente que engorda y gente que adelgaza. Algunos están eufóricos mientras que otros se pasan el día tristes, como enfermos (hay gente que considera el enamoramiento como una enfermedad que dura tres meses y luego, o se cura o te mata). A muchos se les nota que están enamorados por lo radiantes que están. Rejuvenecen, se les estira la piel y hasta parece que crezcan unos centímetros, como les pasaba a Teresa y Salvador. A otros, como a Julia, les da por ponerse grises, pálidos, enclenques, y terminan por parecer anémicos o viejos. Hay gente a quien el amor les da un vigor especial, muchas ganas de hacer cosas y hasta inquietudes que no habían tenido nunca antes. Sé de uno que se enamoró y aprendió veinte idiomas en cuatro años (para lograrlo se valió de un método especial que decía haber inventado él mismo). A otros, en cambio, les da por la pereza, y no hay forma de levantarles de la cama antes de las diez o de lograr que cumplan con sus obligaciones. Llegan a la escuela y se quedan embobados mirando la pizarra, deseando que alguien toque el timbre que indica que ha llegado la hora de salir. O llegan al trabajo y se alelan frente a la pantalla del ordenador, mirando sin ver nada, pensando en sus cosas y deseando que sea la hora de desayunar para irse a mirar el periódico sin leer las noticias.

De todo lo anterior se puede deducir que el amor es el sentimiento más raro y más imprevisible de cuantos puede experimentar un ser humano de entre cero y cien años. También podría deducirse que, ya que nos afecta de tal manera que puede resultar peligroso para la salud o para la integridad física, lo más razonable sería alejarse de él como del fuego. Eso explicaría que el amor fuera un sentimiento minoritario, que sólo practicaran algunos suicidas o unos pocos aventureros, como ocurre con los saltos en paracaídas o el descenso en canoa por aguas bravas. Sin embargo, sucede todo lo contrario: el amor es el único deporte de riesgo que practica toda la humanidad, casi sin excepción y a cualquier edad. Desde luego, a los seres humanos no hay quien nos entienda.

A Gus, sin ir más lejos, el amor le transformó. Como a los renacuajos que se vuelven ranas. O como a los gusanos que se convierten en mariposas. Gus llegó un día al colegio, se sentó en su sitio y de repente, zas, era otra persona: no llevaba gafas.

—¿Qué te ha pasado? —le pregunté, mirando el color de sus ojos, que ahora se veían muy bien.

—Nada. ¿Por qué lo preguntas? —respondió, haciéndose el interesante.

—Las gafas. No te las has puesto. ¿Se te han roto?

—Ahora llevo lentillas —explicó, quitándole importancia, pero con una mueca de indiferencia que significaba algo así como: «Hola, soy el nuevo Gus»—. Mis padres me llevaron al óptico.

—Estás mejor así.

—Ya lo sé. Gracias.

La pedantería no tenía nada que ver con Gus, tan acostumbrado a que nadie se fijara en él. Su respuesta era más bien el fruto de los comentarios ajenos. Todo el que le veía acababa diciéndole lo guapo que estaba sin gafas y comentando algo sobre el color de sus ojos.

—No te los había visto nunca —decía alguien.

A lo que él contestaba, muy sereno:

—Pues estaban ahí.

—Llevas lentillas de colores, ¿verdad? —quería saber otro, incrédulo incluso ante la evidencia.

—Éste es el color de mis ojos desde que nací —aclaraba Gus.

Hasta parecía más fuerte y más alto. Ya sé que es

ridículo, pero lo parecía. Y no sólo a mí. También Elisenda le encontró mucho, infinitamente más guapo. Cuando aquel día les vi marcharse juntos al terminar las clases, empecé a pensar que algo me había salido mal, que algo se me había escapado sin yo darme cuenta, que algo se había estropeado. En realidad, me carcomían los celos.

Cosas del enamoramiento, chicas.

prohibido desmayarse
en la provincia de Hubei

Y en éstas llegó el gran día. Mamá por fin logró terminar de hacer la maleta. Papá la cerró. Nos levantamos tan temprano que todavía estaba oscuro. Pidieron un taxi por teléfono. El taxista tenía cara de no haber dormido (y era verdad: durante el trayecto le contó a papá lo peligroso que es trabajar de noche y la cantidad de medidas que ha sido necesario tomar para evitar atracos y cosas peores). No renegó al meter las maletas en el portaequipajes, y eso que pesaban como piedras. Llegamos al aeropuerto casi dos horas antes de que saliera nuestro vuelo. Primero, había que ir hasta una ciudad llamada Helsinki, donde hace mucho frío. Desde allí, una espera de tres horas y otro avión hasta Beijing que, por si aún no lo sabéis, es el nombre chino de Pekín, sólo que escrito como lo pronuncian los chinos, porque ellos escriben con dibujitos. Bueno, es largo de explicar y un poco complicado. Aprender chino es algo muy difícil, incluso para los chinos. Otro día os lo cuento. Y desde la gran ciudad hasta la provincia donde yo nací. Es decir: otra espera, otro avión. Para ser mi primera vez, no iba a estar nada mal.

¿Lo más decepcionante de todo? Me dejé el cuaderno en casa. Qué rabia. Después de tantos planes, después de tanto repetir que iba a apuntarlo todo.

¿Lo más emocionante? Subir al primer avión de mi vida. Fue una sensación inolvidable, como meterse en una nave espacial. Aunque lo mejor estaba por llegar. El avión que realmente me impresionó fue el otro, el que tomaríamos en Helsinki rumbo a China. Era enorme. Mucho más grande de lo que podáis imaginar. Más grande (creo) que el patio de mi colegio. Creo que hubieran cabido sin problema todos los chicos y chicas de mi colegio y aún habría sobrado espacio para los profesores, los tutores y hasta los psicólogos. Era impresionante. Y mirar por las ventanillas, lo mejor. Se veía el mundo allá abajo, como si fuera un decorado o el belén que papá y mamá se empeñan en que montemos todos los años, como cuando era una niñita capaz de creer que los ríos son de papel de plata.

Aunque hubo algunas cosas anteriores a ese momento que también quiero recordar. Una de las mejores, ya que hablo del colegio, fue la reunión que tuvimos con el director una semana antes de marcharnos. Mis padres le llamaron para decirle que tenían interés en hablar con él. Supongo que el director del colegio debió de quedarse sorprendido, porque estas cosas suelen suceder al revés. Nos recibió terminadas las clases, sonriendo como sólo lo hace cuando hay algún padre delante. En privado —es decir, con nosotros, sus queridos alumnos y alumnas— el director no acostumbra a ser tan amable. Más bien al contrario. Claro que todo tiene una explicación en la vida: se llama Marciano. Como es mayor, mi padre le llama de usted y con el «don» delante. «Don Marciano» suena todavía más raro. Creo que si yo me llamara algo tan horroroso también tendría mal carácter.

—Como usted ya sabrá, don Marciano, adoptamos a nuestra hija en China hace ahora once años —empezó papá, tan solemne como sólo él sabe ponerse.

Don Marciano cabeceaba como si fuera a dormirse de un momento a otro. Algunas veces lo hace, y a nosotros nos da risa, pero disimulamos porque se despierta de muy malas pulgas.

—Ajá —asintió, dejando que mi padre continuara.

—En aquella ocasión acordamos que, en cuanto la niña tuviera la edad suficiente para apreciarlo, la llevaríamos a conocer su país de origen.

Esta vez don Marciano fue más escueto: se limitó a mover la cabeza sin pronunciar ruido alguno.

—Pues bien, creemos que éste es un buen momento para que Analí viaje a China con nosotros, aunque para ello tenga que perder algunos días de clase. Por otra parte, la niña es lista y aplicada y estamos seguros de que a la vuelta recuperará sin problemas las materias que descuide en estos días.

Ay, qué bien habla mi padre.

Don Marciano repitió:

—Ajá.

Mi padre continuó:

—De modo que hemos venido a comunicarle la situación y a que usted autorice la falta a clase de Analí.

Muchos de los chicos y chicas que conozco morderían por escuchar a sus padres decirle algo parecido al director de su colegio. Claro que no todos sacan tan buenas notas como yo (y no lo digo por pedantería sino porque es la pura verdad).

El director alargó la mano y cogió un calendario que reposaba sobre la mesa.

—¿Cuáles serían las fechas del viaje?

Mi padre recitó de memoria el calendario previsto: salimos el día tal, estaremos allí tantos días y tantas noches y regresamos el día cual. Con la punta de un bolígrafo, el director marcó las fechas en la página de su calendario, sin perder ni un ápice su expresión de estar haciendo algo muy serio.

—No hay problema —sentenció, al fin—. No hay exámenes porque el curso no ha hecho más que empezar. No creo que ningún maestro tenga inconveniente en que su hija recupere la materia que se haya perdido una vez regresen del viaje. Avisaré al profesorado.

Sonreían todos, un poco bobalicones. Entonces don Marciano me miró a mí y me dijo:

—Cuando vuelvas al colegio tendrás que aplicarte todavía más que de costumbre —dijo.

—Claro —contesté yo.

«Recuperar» es una palabra odiosa. Lo peor de

cuanto tenía por delante. Aunque, por supuesto, la perspectiva de quince días sin colegio y en China no me ofrecía, por ahora, ninguna oportunidad de pensar en lo que habría de recuperar a la vuelta. O, lo que es lo mismo, me importaba un cuerno la recuperación. Ya pensaría en eso llegado el momento.

Lo único malo de los aviones es que no hay mucho que hacer. Puedes ir y venir al baño tantas veces como quieras, siempre y cuando no haya turbulencias. Las turbulencias son como baches, pero en el cielo. El avión se mueve tanto que ni las azafatas se pueden mantener en pie, y eso que ellas tienen experiencia, además de mucho equilibrio. También puedes pedirle cosas a la azafata para pasar el rato: aspirinas, zumo, agua o un tentempié (que suele ser un emparedado de jamón de York), pero eso sólo si te has quedado con hambre después del almuerzo. Cada cierto tiempo, las azafatas reparten bandejas con comida. Lo más divertido es que nunca sabes si toca desayunar, comer o cenar, porque siempre es de noche y porque ya hace rato que has perdido la noción del tiempo. Lo único que tienes claro es que tienes un agujero en el estómago del tamaño de Madrid y que hace falta llenarlo como sea. La comida (poca, la justa, genial) viene metida en cajitas muy bien tapadas. Traen dos platos y postre, y después también te ofrecen café, caramelos y toallitas impregnadas en colonia. Es muy divertido comer así.

Después del almuerzo empieza una de las dos películas que proyectan durante el viaje. Se ven en una pantalla grandota y se escuchan a través de unos auriculares que se conectan al asiento. Es como ir al cine, pero volando. Lo único malo es que no hay palomitas ni chocolate. Otra posibilidad es escuchar música (hay varios canales a los que conectarse, y sin levantarse del sillón), o leer con la lucecita que enfoca a donde tú quieres y que está justo encima de tu asiento, o dormir reclinando el respaldo, poniéndote unos calcetines especiales y tapándote con la manta (todo te lo dan al principio del viaje, pero hay que devolverlo al final, qué pena). Por último, puedes irte de tiendas, porque en la parte de atrás del avión te venden de todo, desde perfumes hasta bombones, pero papá y mamá no quisieron comprar nada pretextando que llevábamos mucho equipaje de mano y que había que reservar dinero para cuando llegáramos a Pekín. Lo único que no me gustó fue que una de las azafatas me trajera lápices de colores y un cuaderno para colorear (de regalo, esto no había que devolverlo), como si fuera una niñita pequeña. Imagino que calculó mi edad según mi estatura, y no según otras cosas, como mi nivel de conversación. Por eso se equivocó. No es la primera a la que le pasa.

Hasta Helsinki tardamos unas cuatro horas, que parecían muy largas, pero se quedaron en nada después del otro viaje. Mi padre me enseñaba cosas por la ventanilla:

—Mira, Analí, ahí se ven los Alpes, ¿a que es impresionante?

Yo ya no veía nada. Estaba saturada, al borde del cortocircuito. Demasiadas novedades para un solo día. Además, empezaba a sentirme cansada.

Qué raro, al llegar a Helsinki, papá dijo que había que atrasar una hora el reloj, que allí era una hora menos que en nuestro país. Yo nunca llevo reloj, por eso me libré. Pero luego me explicó algo todavía más raro:

—En Pekín habrá que volver a cambiar la hora, porque la diferencia es mucho mayor: once horas más que en España.

Dibujó para mí un mapa del mundo y me hizo un lío explicándome aquello de las horas, dibujando flechas y trazando rayas, hablándome de cómo gira la tierra, de dónde está el sol y no sé cuantas cosas más, porque no entendí casi nada.

Sea como sea, después de unas mil o dos mil horas de vuelo (estoy exagerando, en realidad fueron siete y media, pero es que el tiempo en un avión pasa muy despacio) por fin llegamos a China. Eran las ocho de la mañana, y yo me sentía como si me hubiera pasado la noche despierta y bailando, más o menos como me siento el día de Año Nuevo, después de la juerga de la noche anterior: Agotada. No podía dar un paso más.

—Ya dormirás en el próximo avión —dijo mamá, acariciándome la frente.

—¿Sí? ¿Y no podemos ir al hotel y dormir un poco?

—Nuestro hotel está a muchos kilómetros de Pekín, por lo menos de momento. Un guía nos espera en el aeropuerto para darnos los papeles de las reservas. Ya verás cómo no se te hace largo, hija. Es la recta final. Mira —señaló por la ventanilla—, ya llegamos a tu país. ¿No estás emocionada?

Sí lo estaba. Cuando vi por la ventanilla del avión la primera porción de mi país de origen, casi me dan ganas de llorar de la alegría.

En cuanto aterrizamos en Beijing comenzaron a pasar cosas muy extrañas. Para empezar, un guía muy risueño y más bajito que yo, que hacía reverencias todo el rato, nos esperaba con un cartelito en la mano donde se leían los nombres de mis padres. Era Tin, pero aún tardaría unos cuantos días en conocerle mejor. De momento, tenía algunas cosas que despachar con papá, así que mamá me propuso ir a dar una vuelta por las tiendas del aeropuerto. La verdad, aquello me pareció un poco extraño, y más con el cansancio que las dos arrastrábamos, pero me dejé llevar. Afuera, en la calle, se adivinaba una ciudad tumultuosa, cruzada por miles de personas y por coches que viajaban a velocidades de vértigo.

Papá tardó más de lo esperado. Mamá ya no sabía qué más hacer para entretener la espera, y yo ya llevaba un buen rato notando que no quería que yo me enterara de lo que estaba haciendo mi padre.

«¿Tendrá algo que ver con la maleta misteriosa?», pensé, de repente.

Y de inmediato supe que sí, que eso era, exactamente, lo que estaba pasando allí. ¿Nunca habéis sentido una corazonada tan fuerte que es casi una certeza, como si alguien os soplara de pronto las respuestas de un examen en el que acabáis de quedaros en blanco? Pues eso fue lo que me sucedió a mí en aquel momento. Lo siguiente fue empezar a pensar cosas terribles: ¿Y si mis padres traficaban con algo? No hacía falta que fuera algo muy malo. Hay lugares en los que la gente hace contrabando de cualquier cosa. Igual la bolsa misteriosa iba llena de tabaco, de café o tal vez de azúcar.

Al cabo de un rato, papá volvió muy sonriente, con algunos papeles en la mano.

—Todo arreglado. Nuestro vuelo sale dentro de dos horas. Vayamos a comer algo.

¿Comer? ¿No hubiera sido más apropiado hablar de desayunar? Fuera como fuera, yo sólo tenía sueño. El hambre había quedado olvidada, de momento mi cuerpo tenía otras prioridades. Además, todo aquello me olía a chamusquina. También seguí la corriente a mi padre porque no me quedaba otro remedio, pero me prometí a mí misma permanecer muy atenta a todos sus movimientos a partir de aquel instante. Fuera lo que fuera lo que se traían entre manos, Analí lo descubriría.

No tardé demasiado en confirmar mis sospechas. Durante la comida, noté que mis padres se miraban, nerviosos. Mamá se restregaba las manos, como siempre que está histérica. Una vez les descubrí haciéndose señas cuando creían que yo no les veía, y se detuvieron en seco cuando yo me volví a mirar. Me fui al baño y cuando regresé se callaron de repente para luego empezar a sonreír de una forma idiota que nunca antes les había visto. Incluso en una ocasión les sorprendí diciendo cosas desconcertantes y poniéndose cariñosos sin ningún motivo.

—Ya queda muy poquito, cielo, ¿no estás nervioso? —preguntaba mamá mientras le apretaba la mano a papá.

—Más que la primera vez —dijo él.

—A mí me pasa lo mismo —confirmó ella.

Yo callaba y observaba. Es la mejor forma de desvelar un misterio, por si no lo sabíais. Si hablas todo el rato no tienes tiempo de escuchar ni de fijarte en los detalles.

Cuando terminamos los refrescos, el arroz, el café aguado y el pan, llegó el momento decisivo. Papá carraspeó, como si fuera a empezar un discurso y me dijo que me habían preparado una sorpresa y de las grandes. Mamá sonreía, entre orgullosa y emocionada, cabeceando para confirmar aquellas palabras.

—Hemos pensando que te gustaría conocer otros lugares de tu país, además de la ciudad donde fuimos a buscarte —dijo papá— y por eso hemos organizado una excursión a otra provincia.

Aquello me dejó helada. ¿Otra provincia? ¿Qué otra provincia? ¿Qué lugar podía haber en toda China que me interesara más que Xian?

—¡Hubei! —exclamó mamá, eufórica—. La capital es Wuhan.

Me enseñó una foto de la guía donde se veían unas montañas y unos campos de arroz. Al principio, pensé que era una broma. Pero no. No lo era. Salimos hacia Wuhan poco después.

—Yo quería ir a Xian primero —protestaba yo, cada vez más cansada.

Pero mis padres no parecían muy conmovidos ante mis quejas.

—Verás cómo Wuhan te va a gustar.

El vuelo hasta la provincia de Hubei salió con algo de retraso y duró casi dos horas. Ese tiempo fue el más largo de mi vida. Además, tuve que soportar las miraditas y las sonrisas que papá y mamá intercambiaban todo el tiempo, ya con total descaro, como si yo no estuviera.

Al llegar al aeropuerto de Wuhan, molidos, nos encontramos a una señora que también sonreía y hacía reverencias.

—Soy Felisa, del Instituto de la Mujer —saludó.

Yo pensé que todo aquello era un error (¿qué Instituto de la Mujer?) pero mis padres se alegraron mucho de verla, y juntos salimos del aeropuerto, cargados con las maletas (ahí estaba la bolsa negra misteriosa) y subimos a un coche que nos esperaba en la puerta. A esas alturas, yo ya tenía muy claro que mis padres se traían algo raro (¿y si era también ilegal?) entre manos. La culpa, seguía pensando, la tenía aquella maleta misteriosa cuya sombra me perseguía desde la primera vez que la vi bajo la cama de mis padres. Al parecer, además, había más gente involucrada: el chino bajito de las reverencias y Felisa, que hablaba muy bien el castellano, aunque con un acento un poco raro, y todo el rato me preguntaba cosas estúpidas, del tipo:

—¿Te gusta tu país?

O:

—¿Estás contenta?

O lo que me pregunta siempre todo el mundo (los chinos también):

—¿Recuerdas algo de cuando vivías aquí?

Yo no contestaba. También ella parecía hacerle guiños de complicidad a mis padres, así que me resigné a que todo aquello fuera algo muy extraño, organizado por los adultos a mis espaldas, de lo cual no quería saber nada.

Atravesamos algunos campos de cultivo donde se veían muchas personas trabajando y también un par de pueblos, los más pobres que he visto en la vida. Todo aquello me deprimía un poco. Creo que mi padre lo notó:

—No toda China es así, ya lo verás.

De repente, en mitad de una serie de edificios que se caían a pedazos, apareció la mole inmensa de nuestro hotel, un edificio con todos los lujos donde también nos estaban esperando.

«¿Qué tipo de negocios raros vendremos a hacer aquí?», me preguntaba yo, sin sospechar que cada vez estaba más cerca de conocer la respuesta a esa pregunta. Mamá no soltaba la bolsa negra, por si acaso. Me fijé en el cuidado que ponía en no perderla de vista. La hubiera abierto en un descuido si no siguiera cerrada con su candado.

Cuando nos dieron la llave de la habitación pensé: «Por fin voy a dormir.»

Prometo que en ese momento, después de un viaje en el que habíamos atravesado el mundo, había dejado a un lado mis intrigas y sólo pensaba en tumbarme en la cama. Sin embargo, en cuanto entré en la habitación comprendí que aún no podía cumplir mi deseo. Había habido un error. Allí había tres camas y una cuna para bebés. Estaba claro que se trataba de una habitación preparada para recibir a otras personas.

—No importa —dijo papá—, vamos a ducharnos y después haremos todas las gestiones que tengamos que hacer para arreglarlo.

No le hice caso. Me senté en el borde de la cama grande y esperé. No entendía nada, pero estaba tan cansada que no tenía fuerzas ni para protestar. De repente escuché algo raro en el pasillo. Algo así como un grito de alegría. Era una voz de mujer, y parecía muy excitada. Mamá salió del baño con el pelo mojado y a medio vestir y miró a papá.

—¿Ya? —preguntó.

También ellos parecían muy contentos.

Sin darme tiempo para entender nada, mamá abrió la bolsa negra y misteriosa y extrajo una especie de sonajero. Fue mi oportunidad para echar un vistazo a su interior: dos biberones, pañales, un paquete de cereales, un osito de peluche y ropita de bebé. La verdad, no me pareció, precisamente, el tipo de material que llevaría en la bolsa un traficante.

—¡Vamos, Analí, date prisa! —ordenó papá, agarrándome del brazo y arrastrándome hasta el ascensor.

Con la emoción creo que se olvidaron hasta de cerrar la puerta.

—¿Adónde vamos? —pregunté.

No me contestaron. El histerismo había ya explotado como los fuegos artificiales y mientras ascendíamos en el ascensor hasta la cuarta planta del hotel, papá y mamá se abrazaban y reían, completamente fuera de sí.

—Ya verás qué sorpresa, hija —dijo papá, abrazándome también a mí.

Cuando se abrió la puerta del ascensor vimos a tres mujeres chinas cargando a tres niñitas. La alegría de las mujeres contrastaba con la seriedad de las niñas. Papá y mamá miraron con detenimiento a las tres criaturas y parecieron decidirse por una.

—¿Fu Yu Hang? —preguntó mamá, como si supiera el nombre de la desconocida.

La mujer que la cargaba asintió y dijo algo en chino que sólo entenderíamos más tarde:

—*Zhe shi ni ma ma.*

Papá se apresuró a sacar una cámara de fotos y a inmortalizar el momento para la posteridad: Fu Yu

Hang con cara de susto, yo con cara de no entender nada y mamá y la cuidadora más contentas que unas pascuas. Al fin, cuando yo ya estaba al borde del colapso, cuando ya empezaba a pensar que me había colado en el viaje equivocado o que mis padres se habían vuelto locos, papá me lo aclaró todo:

—Ven, Analí —dijo, mientras tomaba en brazos a la niña—. Mira, Fu Yu Hang —le dijo a ella, que le miraba con ojos como platos—: quiero presentarte a Analí, tu hermana mayor.

Si no me desmayé en aquel momento, no lo haré nunca. Fu Yu Hang debía de pensar lo mismo, a juzgar por la cara con que me miraba.

—¿Querías una hermanita, ¿no es eso? —dijo mamá—. Pues aquí la tienes. ¿Qué te parece?

No podía decir nada. Creo que grité. Apreté las manitas de Fu Yu Hang y sentí ganas de llorar. Ella se rió. Creo que nos caímos bien desde el principio.

—La llamaremos Sandra Yu —informó mamá—, ¿te gusta?

—Sandrayú —repetí.

Seguro que a Julia y a Lisa les encantaría el nombre de mi hermana. Y mi hermana.

las abuelas no hacen estas cosas

Lo primero que hice, nada más llegar a casa, fue llamar a mis inseparables para comunicarles la gran noticia:

—¡Tengo una hermana! Se llama Sandrayú.

También llamé a Teresa y a Salvador:

—¡Hemos importado de China una hermana, Sandrayú!

Las reacciones fueron de sorpresa, pero también de mucha alegría. La más explícita fue Teresa:

—Ay, cómo me alegro. Qué feliz va a ser esa niña a vuestro lado.

Todo el mundo coincidió en que quería conocerla. Pensé que una buena ocasión sería la comilona que había organizado Teresa para el día siguiente. Estarían los padres de Julia, el hijo de Salvador y algunos parientes más. Y nosotras, en nuestra condición de damas de honor de la novia. A Teresa le pareció una buena idea que trajera a mi hermanita.

—Así mi hija dejará de pensar por un rato en lo desgraciada que es porque su madre se casa otra vez —dijo.

Y antes de colgar el teléfono vaticinó:

—Imagino que, con tantas novedades, Sandrayú y tú vais a centrar toda la atención.

Desde luego, tenía tanto que contar que empezaba a preguntarme si terminaría algún día de hacerlo. Me había propuesto escribir mis aventuras chinas en el diario que no me llevé al viaje por culpa de mi mala cabeza, pero también tenía dudas acerca de si un solo cuaderno me bastaría para ello.

Pero empezaré por lo importante. Voy a intentar explicar cómo es Sandra Yu, mi hermana pequeña. Cuando la conocimos estaba a punto de cumplir diez meses. A diferencia de lo que pasó conmigo, de ella sí conocían la fecha exacta de su nacimiento: el veinticinco de enero. Por lo tanto, se podía asegurar que era acuario para los occidentales y serpiente para los chinos. La serpiente, al revés de lo que ocurre en esta parte del mundo, no se considera en China ningún animal desagradable, sino todo lo contrario: se cree que atrae la buena suerte y la riqueza. La gente nacida bajo este signo destaca por su inteligencia, su autodominio y su serenidad, y está llamada a dedicarse a las artes o a las finanzas. Las mujeres serpiente tienen fama de bonitas e inteligentes. Además, existe una leyenda según la cual una serpiente puede convertirse en cualquier momento en una mujer de espectacular belleza, siempre y cuando no beba alcohol durante el resto de su vida, o volverá a transformarse de inmediato en reptil. Espero que mi hermana Sandrayú tarde varios años en saber todo esto, o de lo contrario se volverá una petulante insufrible.

Por el momento, Sandrayú era de complexión delgada pero tenía la cara redondita y agradable. Llevaba el pelo muy corto, cortado a trasquilones (le creció enseguida y mamá empezó a hacerle coletas) y no demostraba un gran autodominio, en especial si había comida de por medio. La misma noche de su llegada a la familia ya nos dimos cuenta de que tenía un hambre voraz. Se lanzaba sobre los platos llenos de comida y se tragaba el arroz sin masticarlo. También se bebía unos enormes biberones de leche con cereales. Los potitos le gustaron menos (aquí empezó a demostrar ser una bebé de buen gusto), pero lo que de verdad la volvió loca fueron los yogures. Se los zampaba de dos en dos y aún parecía quedarse con ganas de más. Eso lo descubrimos ya en Pekín, de regreso de Wuhan, donde aprovechamos para ir de tiendas y comprar un montón de cosas para Sandrayú: un carrito, ropa, pañales, juguetes y hasta una cuna que nos llevamos muy bien embalada en el avión, de vuelta a casa.

—Todas estas cosas son aquí mucho más baratas —decía mamá, para justificar su fiebre consumista que, por otra parte, era la misma de siempre.

Pensé que era una pena que Beijing estuviera tan lejos, porque de lo contrario mamá y la madre de Julia hubieran podido visitar sus tiendas cada seis meses en busca de las mejores ofertas. En fin.

Querer a Sandrayú fue, desde el primer momento, lo más fácil del mundo. Cuando no comía o no se caía rendida de sueño, solía mirarnos con los ojos muy abiertos, como si nos estuviera estudiando. Se fijaba en todo sin pestañear. Muy seria, al principio. Luego empezó a sonreír. Al tercer día lanzaba exageradas risotadas que nos contagiaban el buen humor, y también parecía tener ganas de jugar y de gatear. Empezaba a ganar confianza. Mi hermana también tenía, desde el principio, sus preferencias: la primera que le cayó bien fui yo. Papá dijo que no parecía muy acostumbrada al trato con adultos y menos con adultos tan extraños como ellos le resultaban, con sus rasgos occidentales y su pelo claro. Luego empezó a dejarse acariciar por papá, y muy pronto aceptó que él la cargara de un lado para otro. Con mamá tardó un poco más, pero la primera vez que se echó a sus brazos, en el hotel de Pekín, los tres supimos que Sandrayú acababa de adoptarnos y que también ella estaba empezando a querernos, aunque necesitara más tiempo que los demás.

Mientras todo esto pasaba, yo aprovechaba para practicar mis pocos conocimientos de chino, extraídos del manual *Hable chino en tres días,* que le compró mamá al quiosquero de nuestro barrio antes de salir. Todo un hallazgo. Por las mañanas, por ejemplo, me gustaba entrar en el comedor del hotel saludando a los camareros:

—*Ni hao, ni hao*.

Era la hora del desayuno, pero podría haber sido la de la cena, porque aquellas palabras tanto significan «buenos días» como «buenas tardes» como «hola». Cuando me iba, me despedía como es debido:

—*Zai Jian!*

Y si me iba a dormir, también (pero diferente):

—*Wan-an!*

Cuando me traían la leche con cacao del desayuno, daba las gracias con mucha educación:

—*Xiè-xiè.*

Hasta sabía pedir más zumo de naranja:

—*Zài bái yi béi* —decía, como si nada de aquello fuera extraño para mí.

El problema era que, con los días, llegué a pronunciar tan bien estas cuatro cosas en chino, que muchos me tomaban por nativa y me lanzaban largas parrafadas en su lengua vernácula, ante lo cual a mí se me ponía cara de susto y me quedaba en un silencio muy incómodo que, además, no sabía cómo romper. Acababa dando las gracias y despidiéndome, sin más:

—*Xiè-xiè, zai jian.*

Cuando se lo conté a Lisa y Julia, se morían de risa.

—¿Qué es lo que más te ha gustado de todo lo que has visto? —me preguntaba todo el mundo.

Era difícil quedarse sólo con una cosa: la Ciudad Prohibida, los templos, la Gran Muralla, las pequeñas calles del centro de Pekín o los restaurantes populares (que papá llamaba «comunistas») donde se comía verdadera comida china. El pato laqueado fue todo un descubrimiento, lástima que para prepararlo haga falta una paciencia de chinos, je (además de un pato). Sin embargo, yo tenía muy claro qué era lo que más me había emocionado:

—Xian. Mi ciudad.

De que no es una ciudad cualquiera me enteré enseguida, llena de un orgullo extraño que no había sentido nunca antes. Resulta que Xian fue la capital del país mucho antes de que lo fuera Beijing. Allí nacieron doce dinastías de emperadores, además de los primeros filósofos de Oriente. Fue un emplazamiento muy importante en algunas rutas comerciales de mucha relevancia, como la Ruta de la Seda (para más información, se recomienda consultar al profesor de historia de guardia, que esto no es una guía de viajes ni un reportaje de suplemento dominical).

Luego están los guerreros de terracota, que me dejaron sin aliento. Son figuras de barro de tamaño natural que representan a soldados armados —llevan armadura y todo— a punto de defender a su señor de no sé qué peligros gordísimos. Las figuras fueron encontradas no hace mucho, en una excavación junto a la tumba de Qun Shi Huang, quien hoy tendría, si no hubiera muerto, unos 2.200 años. El caso es que hay unos ocho mil guerreros repartidos en varias grandes fosas, y eso que los arqueólogos no han excavado ni la mitad. Algunos de los soldados llevan su caballo, también de tamaño natural. Por lo visto, el emperador creyó que si esas réplicas de su ejército eran enterradas con él, le defenderían de los males que le esperaran tras la muerte. Los emperadores me caen la mar de simpáticos, a pesar de que tenían rarezas como éstas y que, por lo general, eran bastante presumidos. Será porque los siento como de la familia.

Aunque lo mejor de Xian tal vez fueron los pinchitos picantes que nos comimos en un puesto callejero del barrio musulmán, cuando íbamos a visitar la Gran Mezquita. Los venden con un pan de cereales muy rico. Papá también probó la cerveza china, y dijo que no tenía nada que envidiar a la nuestra o a otras más famosas, como la alemana. Yo pedí una Coca-Cola que, creo, sabe igual en cualquier parte del mundo, aunque el padre de Julia a veces lo ponga en duda (tiene unas teorías muy graciosas sobre ese asunto).

Por cierto, que a la Gran Mezquita fuimos sólo papá y yo. Mamá se quedó en un restaurante con Sandrayú, quien de repente había sufrido un ataque de hambre y necesitaba con urgencia reponer fuerzas. Cosas de mi hermana a las que ya nos íbamos acostumbrando. Cuando volvimos estaba dormida como un tronco, con una sonrisa de oreja a oreja dibujada en la cara y los brazos y las piernas como los de un muñeco de trapo: la satisfacción de sentir la tripa llena y tener a tu lado a alguien que te quiere y que va a cuidar de ti. Eso, por cierto, también es típico en ella: quedarse dormida en cualquier parte. Lo de la sonrisa empecé a entenderlo mejor cuando descubrí, gracias a mi guía de aprender chino en tres días, que Yu significa «feliz». Quien le puso el nombre, desde luego, acertó de lleno.

A raíz de eso les conté a mis amigas algo increíble y precioso que nos pasó al llegar a casa. También lo escribí en mi diario. Procuraré no dejarme ni un detalle aunque sea la tercera vez que lo explico:

Cuando mamá echó a lavar por primera vez la ropita de Sandrayú, advirtió que en uno de los bolsillos del vestido que llevaba cuando la conocimos había un pedazo de papel grueso con una inscripción en chino. Primero imaginó que sería una etiqueta o algo parecido, pero cuando se fijó mejor descubrió que era un pedazo de cartulina escrita a mano con tinta negra. Guardó el papel y se lo enseñó a papá. Después de observarlo del derecho y del revés, mi padre dijo:

—Les pediré a los de la Fundación que nos lo traduzcan. Igual es algo importante.

Se refería a la gente de la Fundación que tramita todas las adopciones en China, con quienes ellos llevaban meses en contacto. Aquella misma tarde les llevó el papel. Cuando regresó, con una expresión bobalicona y emocionada, nos leyó la traducción que le habían entregado:

«Fu Yu Hang, que encuentres felicidad, salud y riqueza. Tu madre te quiere y te lo desea.»

A mamá se le saltaron las lágrimas.

—¿Su madre? —preguntó—. Pensaba que la habían abandonado.

—Igual su madre fue a verla —dijo papá.

—O igual era una de las cuidadoras —añadí.

Se quedaron en silencio, como si pensaran en lo que yo acababa de decir.

—No es descabellado —dijo papá.

—Le guardaremos el papel —concluyó mamá, doblando la cartulina y la traducción— para que de mayor, cuando se lo contemos, sepa que siempre, en todas partes, hubo gente que la quiso.

Ay, qué blandita me puso aquel comentario. Tuve que encerrarme en el baño para llorar un rato. Me llevé un tebeo, para disimular, pero ni siquiera lo abrí.

Como era de esperar, Sandrayú causó sensación en el almuerzo de la abuela de Julia. Mamá le puso un modelito espectacular: un peto vaquero, una camiseta rosa y unas zapatillas de deporte. Llevaba mucha colonia, el chupe colgando del cuello como si fuera un collar de última moda y todo su repertorio de sonrisas, que no paró de lucir durante toda la velada, como si también ella se alegrara de estar allí.

Yo, además de darme aires de hermana mayor y de presumir de niña, me dediqué a observar las cosas que hace la gente cuando ve un bebé: cucamonas ridículas, grititos histéricos, palabras que no aparecerían ni en el más cursi de los diccionarios, del estilo de «tesoro», «perlita», «pichurri» o «ratoncito» (¿no debería haber sido «ratoncita»?). Mi hermana, sin embargo, no entendía nada. Menos mal, porque de haber encontrado un sentido a semejante cantidad de barbaridades —y todas con ella como protagonista— se habría formado una opinión muy mala de las personas adultas a quien tendrá que soportar durante toda su vida.

El poco tiempo del almuerzo en que mi hermana no centró la atención, los adultos presentes lo dedicaron a repetir frases hechas, de esas que no significan nada, y a comer más o menos con la misma pasión con que lo hacía Sandrayú. La única que apenas probó bocado fue Julia. ¿Por qué? Sencillo: el menú se componía de melón con jamón y cordero al horno. Y ella es una vegetariana que odia el melón. Lo mejor fue el postre: pastel de chocolate y un brindis muy animado donde Salvador, en rumano, nos deseó mucha felicidad a todos (sé lo que dijo porque me lo tradujo Teresa). Sandrayú soltó tres grandes risotadas, como si proclamara a los cuatro vientos que ella ya había empezado a ser feliz. Hasta la madre de Julia se rió, y eso que se había pasado toda la comida con expresión avinagrada. Ah, se me olvidaba recordar que las tres repetimos ración de pastel de chocolate, y sin ni un poquito de sentimiento de culpabilidad. Un día es un día.

—No se me casa una abuela cada semana —dijo Julia, para justificar nuestros crímenes contra la dieta.

Antes de irnos, Julia oyó a su madre decirle a la mía:

—A Salvador se le ve muy buena persona. Como no haga feliz a mi madre, le mato.

Las cosas, al parecer, empezaban a resultar más fáciles. O eso, por lo menos, comentó mamá aquella noche, durante la cena.

El único que no se impresionó lo más mínimo ante la llegada de Sandrayú fue Gus. Tal vez porque sus propios asuntos le robaban mucha energía.

—No es tan fantástico tener una hermana —me contestó, cuando le di la noticia, con sincera y sentida emoción—. Yo tengo una y es un monstruo. Ya verás cuando Sandrayú empiece a destrozar todas tus cosas.

No había pensado en eso, pero se me ocurrían mil respuestas que darle.

—Procuraré que no lo haga —contesté.

—Lo hará igual. No te entenderá cuando le hables y, si le riñes, lo encontrará muy divertido y se reirá en tus narices —dijo.

—Meteré las cosas en los cajones.

—Abrirá los cajones. Y cuando los cierre, después de destrozar las cosas, se pillará los dedos. Y entonces te regañarán a ti.

—Mis padres no suelen regañarme —contesté, empezando a enfadarme.

—Lo harán más cuando ella empiece a echarte la culpa de todo. Y cada vez que llore te preguntarán a ti qué ha pasado de muy mala manera.

Empecé a ponerme nerviosa de verdad. Aquel oscuro panorama no tenía nada que ver conmigo ni con mi familia.

—No podrán echarme la culpa porque yo seré una buena hermana —me defendí, como si tuviera que defenderme, elevando la voz.

—Da igual, ella dirá lo que le dé la gana. Y casi nunca será verdad.

Me quedé mirando a Gus, más furiosa que nunca. Sólo se me ocurrió formularle una pregunta:

—Tú has tenido algún problema grave con tu hermana, ¿verdad?

Y él, indiferente, se limitó a contestar lo que ya me había dicho:

—Mi hermana es un monstruo.

—Pues, para que lo sepas —zanjé yo, segundos antes de irme dejándole en mitad del pasillo con su cara de bobo y su drama familiar—: Sandrayú no lo es. Ni lo será nunca.

Nada más entrar en el taller de Cleo, una semana antes de la boda, ya supimos que la modista no tenía un buen día. Desde el aparador llegaba una música muy animada, que cantaba una voz masculina:

«El peluquero, Dios bendiga al peluquero / el peluquero que disfraza a mi mujer / la disfraza en la semana siete veces / siete veces, caballeros, que hay que ver.»

Nos acordamos de las palabras de la mujer: la música era su remedio contra la tristeza.

—No siempre —corrigió ella—, a veces la uso de manera preventiva. Cuando veo que voy a deprimirme, corro a poner un disco. Siempre da resultado.

Nos sentamos para tomarnos nuestro habitual té con menta. Nadie lo preparaba como ella, eso ya lo sabíamos.

—Ya sé que tienes una hermanita, Analí —dijo—. Qué suerte. Es lo que querías, ¿no?

—Sí —contesté—. Si mis padres no fueran mis padres, los adoptaría. Fijo.

Mis amigas rieron.

Saqué fotografías del viaje y se las enseñé a nuestra amiga mayor. En algunas de ellas, Sandrayú aparecía haciendo muecas raras. Pese a todo, Cleo la encontró muy guapa.

—Los bebés siempre son preciosos —afirmó.

—Qué raro que tú no te casaras ni tuvieras hijos, Cleo —dijo la impertinente de Lisa, como si viniera al hilo de la conversación.

Julia y yo nos miramos y la miramos. En realidad, le lanzamos una de esas miradas abrasivas que tantas cosas dicen en silencio (todas malas). Supimos en cuanto abrió la boca que aquél era un comentario que no venía a cuento. Creo que hasta Lisa lo notó, a juzgar por el cruce de expresiones a tres bandas que ocurrió nada más terminar su frase. Pero lo peor no fue eso, sino la naturalidad con la que Cleo, que estaba rebuscando algo en una caja de madera llena de ovillos, madejas de hilo, agujas y tijeras, contestó, sin apenas levantar la voz:

—Tuve un hijo, hace mucho. Creo que ahora vive en Francia.

Nos quedamos estupefactas. De inmediato Cleo simuló un tono más jovial de lo que parecía natural, dadas las circunstancias, y nos invitó a pasar al probador:

—Empieza la tortura, preciosas —anunció, encendiendo la luz que enfocaba nuestras figuras de preadolescentes vestidas de cualquier manera.

Nos quedamos con esa sensación tan incómoda de haber metido la pata. Pero también con esa otra, inevitable, a que te llevan los adultos sin que puedas evitarlo: en cuanto pisas terreno resbaladizo, cambian de tema y te censuran la información hasta varios años después. Como si fuéramos unas criaturas tontas incapaces de comprender qué le había pasado a Cleo o por qué su hijo no estaba con ella o quién era su padre o por qué nunca nos habló de él ni si se había casado o no o qué habría pasado para que Cleo no supiera a ciencia cierta dónde estaba su hijo o qué edad tendría, qué haría, cómo sería su hijo.

Demasiados interrogantes, desde luego.

Entramos en el probador y nos encontramos con nuestros modelos, casi terminados, listos para la última prueba. Al lado, en un maniquí, aguardaba el traje de Teresa. Por poco nos caemos del susto. Creo que durante un buen rato, las tres estuvimos buscando algo que decir sobre aquello que estábamos viendo. Lo peor fue que no encontramos nada. El vestido de novia de Teresa era de todo menos lo que esperábamos de él. Desde luego, podía estar contenta: no iba a parecer un huevo frito.

la familia feliz
también es un plato chino

Hay gente que escarmienta a la primera y hay gente que no quiere escarmentar. Anamaría formaba parte del segundo grupo. Y si no, extraed vuestras propias conclusiones:

El fin de semana antes de que Teresa y Salvador se casaran, las Supernenas decidimos echarnos a tomar el sol en la terraza del ático de Arturo. Él había salido con unos colegas que tenían que prestarle unos programas, así que podíamos disfrutar de un ratito de buena música y de tranquilidad las tres solas. Teníamos mucho que contarnos. Para empezar, yo aún les debía parte de la crónica de mi viaje a China. Lisa había ido por primera vez a casa de Pablo, aunque disfrazada de su mejor amiga, y Julia quería explicarnos cómo sería nuestra intervención en la boda. Además, era una de esas tardes soleadas y cálidas que aún recuerdan al verano, aunque ya estén metidas de lleno en el otoño. Era uno de esos momentos en que te sientes muy a gusto de estar donde estás y de ser quien eres, como en un anuncio de compresas.

En éstas, sonó el timbre de la puerta. Lisa fue a abrir. Sorpresa: era Anamaría. Con cara de malas pulgas. (Existe la posibilidad de que la mala cara se le pusiera, precisamente, al vernos. No creo que guardara muy buen recuerdo de la última vez.)

—¿Está Arturo? —preguntó.

—No.

—¿Dónde está?

—Ni idea.

—¿Ha dicho a qué hora piensa volver?

—A mí no.

—¿Y ha dejado algún recado para mí?

—Ni idea.

—¿Tú siempre eres así de desagradable, guapa?

Hasta esta última pregunta, la conversación no parecía ir ni bien ni mal. Anamaría hacía preguntas y Lisa se limitaba a contestarlas sin mentir. Pero la última cuestión cambió el rumbo de la entrevista hasta tal punto que Lisa no quiso escuchar más. Cerró la puerta en las narices de la pelirroja y volvió a nuestro lado murmurando:

—Idiota.

El timbre no tardó ni diez segundos en volver a sonar. Ahora ya no teníamos ninguna duda acerca de quién podía ser. Julia hizo ademán de ir a abrir, pero Lisa la detuvo:

—No quiero que salgas en los informativos de mañana —le dijo, mientras acudía de nuevo a la entrada.

Ahora la cara de Anamaría era de malas pulgas al cuadrado.

—Necesito utilizar el ordenador.

—No puedes. Mi hermano no está y yo no sé cómo funciona.

Aquello era mentira. Lisa es muy lista y hace mucho que sabe utilizar el ordenador de Arturo. En algunas cosas, como en navegar por Internet, es una verdadera experta.

—Yo sé hacerlo —se excusó la pelirroja, intentando entrar—, ya lo he utilizado otras veces. Déjame pasar.

—Espera a que vuelva Arturo. —Lisa le cortaba el paso sin moverse del centro de la puerta.

—Lo necesito ahora. Es urgente.

—Pues ve a un cibercafé.

—Qué tontería, ¿por qué voy a ir? Muchos de los programas de Arturo se los he pasado yo. Además, no tengo que explicarte nada, niñata. Déjame pasar.

Finalmente, Lisa se cuadró frente a la novia de su hermano y pronunció su última palabra, rotunda, contundente, inamovible:

—He dicho que no.

Incluso a nosotras nos pareció extraño. Anamaría tardó en reaccionar más de lo que lo hubiera hecho una persona normal.

—Todos los de tu familia son unos chalados —dijo, antes de dirigir a Lisa una mirada cargada de odio y marcharse sin prisa por la escalera.

Recibimos a Lisa con aullidos y vítores, como si viniera de batir un récord olímpico. Ella se tumbó a nuestro lado esgrimiendo una sonrisa de orgullo ancha y larga. Sólo yo me atreví a aguar un poco aquella fiesta:

—Igual tu hermano se molesta cuando sepa que has echado a su novia de esta forma.

Nos miró de un modo misterioso.

—Mi hermano me ha pedido que lo hiciera. Por eso se ha largado —dijo, ensanchando la sonrisa y llenando de aire sus pulmones—. Creo que no quiere volver a verla.

Julia también sonrió. Claro.

De repente, Lisa formuló la pregunta en la que nadie habíamos reparado:

—¿Y qué vamos a regalarle a Teresa?

—¡Anda, es verdad! —Julia palideció al darse cuenta de que no había pensado en un regalo para su abuela.

—Pues a mí se me ha ocurrido algo —dijo Lisa, con una sonrisa triunfal—, a ver qué os parece: un collar a juego con el vestido.

—¿Un collar?

La chica diez extrajo de su bolsa un monedero de tela cerrado con una cremallera, que miramos con enorme curiosidad. Lo abrió y volcó el contenido sobre su regazo. Nos quedamos atónitas. Eran diez bolas de colores —predominaba el rojo, pero las había verdes y lilas—, de varios tamaños, que se amontonaron como huevos en una cesta. Cogí una para observarla con detenimiento. Era rugosa y pesada. En el centro tenía un orificio por el que podía pasarse un hilo.

—Son cuentas de collar. Las he hecho yo —dijo Lisa—, de cerámica. ¿Os gustan? Me gustaría que las llevara el día de la boda.

Eran preciosas. Me hicieron pensar de inmediato en Raquel, la fabricante de collares que tenía su taller muy cerca de allí. Seguro que ella sabía encontrar un modo de convertir esas cuentas en un regalo único. Se lo dije a mis amigas y les pareció sensacional que fuéramos a verla al día siguiente.

—¡Genial! —exclamó Lisa—. Tengo ganas de volver a ese lugar. Siempre me parece que allí va a ocurrir algo extraordinario.

Mientras tanto, ¿qué hacía Sandrayú? Tomar posiciones en su nueva vida. Tenía muchos lugares por conocer. Uno de los fundamentales fue la zona de juegos infantiles. Antes que nada, puntualizo que la zona de juegos está situada dentro de un enorme parque municipal con muchas zonas verdes, un montón de árboles y hasta un lago lleno de patos por donde los domingos navegan barquitas de alquiler. Y en la parte de los niños, además de columpios, toboganes y otras atracciones, más o menos modernas, vive una familia de conejos, una cabra y una oveja, que demuestran tener mucha paciencia cuando los bebés se acercan a tocarlos. Sandrayú enloqueció de alegría al descubrir a los animales. Para ella, a partir de ese momento, los columpios perdieron todo interés. Se agarró al cuello de la cabra y no hubo forma de que dejara en paz al pobre bicho, que corría de un lado para otro del recinto vallado con Sandrayú a rastras, como si fuera un indio en una peli del Oeste. Así estuvieron hasta que alguien pretendió entrar en la zona. Por lo visto, la cabra vio a lo lejos la oportunidad única de escapar de aquel pulpo con cara de chinita que se reía sin parar, y se coló por el hueco que dejaba la puerta entreabierta, echando a correr a toda velocidad en dirección al lago de los patos.

Imaginad la escena: la cabra abría camino, con Sandrayú pegada a su pescuezo lanzando enormes risotadas; detrás iba papá, a todo correr, gritando:

—¡Paren a la cabra! ¡Paren a la cabra!

Cerrando la carrera, mamá, que arrastraba el carrito de bebé de mi hermana, y yo, agarrada de su mano y casi volando por eso que algunos entendidos en la materia llaman «el efecto látigo».

Así estábamos cuando la cabra llegó al lago. Mamá lanzó un grito de miedo. Papá la tranquilizó con una afirmación que en su momento pareció muy documentada:

—¡Tranquila, Elena, las cabras no saben nadar!

Y yo, sencillamente, procuré permanecer muy atenta a lo que iba a pasar allí. ¿Y si mi padre no estaba todo lo bien informado que cabía suponer? ¿Y si al final la cabra no se detenía? ¿Y si sabía nadar? ¿Y si mi hermana se caía al lago? ¿Y si los patos, que rondaban por allí, organizaban un plan para rescatarla? ¿Y si los patos resultaban ser carnívoros con hambre atrasada? Desde luego, las posibilidades eran todas fabulosas. Por suerte, el desenlace de la persecución no se hizo esperar: la cabra, tal y como papá decía, consideró más interesante la opción de no arrojarse al lago (era una cabra lista). Lo único malo fue que tomó la decisión un poco tarde, cuando ya dos de sus patas estaban en remojo. De modo que se vio obligada a frenar tan en seco que, lo mismo que sucede con las ruedas de atrás de un coche, sus flancos traseros se vieron impulsados hacia delante. Con tan mala pata que mi hermana, que no pesaba mucho y que estaba, precisamente, sobre los flancos traseros, recibió un empujón de campeonato hacia delante y, por añadidura, un buen susto, igual que el de todos nosotros. Salió volando hacia el agua, sobrevoló algunas plantas y cayó un poco más allá, justamente en el lugar donde algunos patos se estaban montando una fiesta muy animada alrededor de unas migas de pan. Una fiesta en la que, por cierto, mi hermana irrumpió de repente para aguarla un poco más con una entrada triunfal en el lago (que para los patos no tuvo ninguna gracia, a juzgar por sus graznidos), seguida de papá (en pantalón de ir a trabajar) y de mamá, que con el susto se había olvidado de soltar el carrito. Es decir, que excepto yo, toda la familia decidió terminar aquella primera jornada de visita al parque con un baño refrescante e improvisado en el lago.

Fue todo un descubrimiento ver que el lago, que

parecía tan grande y tan profundo, apenas tenía agua para cubrir hasta la rodilla. Eso si hablamos de mi padre, claro, porque a Sandrayú el agua la cubría perfectamente. Menos mal que papá la sacó enseguida. A ella y a algunos cachivaches que a saber quién habría perdido por allí: dos teléfonos móviles bastante hechos polvo, una pluma estilográfica, una cámara de fotos y una zapatilla de deporte. También pescó un pececito rojo que a Sandrayú le entusiasmó, pero hubo que devolverlo a su lugar porque no se encontraba muy a gusto entre nosotros. «Debe de ser muy divertido ser pez en este estanque», pensé yo.

La cara de miedo de mi hermana cuando la dejaron en la orilla no creo que se me olvide mientras viva. Tenía una expresión horrible, con toda la ropa y el cabello mojados. En cuanto vio a papá dejó paso a un llanto descontrolado y ensordecedor que terminó por llamar la atención de todos los que, como nosotros, habían decidido visitar el parque aquella tarde.

La siguiente parada fue forzosa: tuvimos que pasar por casa para que todos se cambiaran de ropa. Una vez estuvieron secos, guapos y a punto de volver a salir, papá hizo una proposición:

—¿Y si nos vamos a cenar a un chino?

Ya os he hablado del entusiasmo que demostraba mi hermana delante de la comida. Por ahora, sus reacciones seguían siendo iguales a las de la primera noche, en el hotel de Wuhan donde nos conocimos, sólo que en casa todo parecía estar bajo control. En el restaurante, en cambio, Sandrayú se emocionaba: quería comérselo todo, y no le bastaba con su plato, el de mamá, el de papá y el mío (todos al mismo tiempo): se le antojaban los de las mesas de nuestro alrededor, y hasta los que los camareros transportaban de un lugar a otro. Y lo mismo con las bebidas y los postres.

Todavía en Pekín nos puso en más de un apuro. Los chinos tienen una manera de comer un poco distinta a la occidental. No me refiero sólo al uso de palillos, sino a cosas como el orden de los platos o su presentación. Sacan a la mesa toda la comida al mismo tiempo. Según me explicó Tin, el guía, en un almuerzo formal se pueden llegar a preparar unos veinticuatro platos. Cada uno de los invitados tiene, al empezar la comida, un cuenco de arroz individual, de modo que pueda mezclar con él la carne o el pescado como más le guste, sin que se desperdicie nada. De esa forma, siempre se puede invitar al almuerzo a alguien que se presente sin avisar. Luego están los palillos. Los chinos consideran de mala educación que en la mesa haya un solo cuchillo, por eso todos los alimentos vienen troceados y a punto de ser comidos. Por cierto: los chinos inventaron los palillos y la cuchara (de porcelana, eso sí) mucho antes de que los europeos (que aún no estaban muy civilizados) pensaran en comer con algo que no fueran las manos. Aunque no es extraño que nadie se lo reconozca: también inventaron la imprenta antes que Gutenberg y llegaron a América unos setenta años antes que Cristóbal Colón, y ya veis el caso que les hacemos los occidentales. Qué injusticia. Pero la costumbre más curiosa de la que me habló Tin es la de las mujeres de la casa que, después de cocinar durante horas, sirven la comida a sus invitados y les dicen, por ejemplo:

—Disculpadme, porque todo me ha salido muy malo.

O que, al probar el cerdo o el pollo, exclaman:

—Qué horrible está.

Que la cocinera hable bien de los platos que acaba de preparar se considera de muy mal gusto, así que son los invitados quienes deben alabar lo que están comiendo. Entonces la dueña de la casa les da la razón y listos. ¿No os parece un poco complicado?

Aunque todo esto, que yo apunté en mi diario con mucho cuidado, para que no se me olvidara, le traía sin cuidado a Sandrayú. Ella sólo tenía ojos para la enorme fuente de Familia Feliz que acababan de traernos, humeante y apetitosa, y se olvidaba de todos los protocolos. La Familia Feliz es un plato típico de Beijing que viene a ser el equivalente chino de un potaje o de un cocido. Lleva un poco de todo: pollo, cerdo, ternera, calamares, gambas, verduras (incluyendo coliflor y zanahorias, horror) y, por supuesto, salsa de soja. Los expertos opinan que es un plato muy apropiado para los niños, porque es nutritivo y fácil de comer. Sandrayú estaba totalmente de acuerdo con los expertos.

Mirando los platos repletos de Familia Feliz, y viéndonos allí, los cuatro, comiendo y riendo en un restaurante chino del barrio, me dio por ponerme trascendental y hasta un pelín filosófica: nuestra familia, como aquel plato típico pekinés, era una mezcla que armonizaba a la perfección. Habíamos nacido en extremos opuestos del mismo mundo pero juntos nos sentíamos los más afortunados del planeta. Sandrayú aún no podía entender estas reflexiones tan sesudas, pero seguro que cuando pudiera hacerlo las secundaría. A papá y a mamá no les dije nada, en parte para no aguarles el momento, pero sobre todo porque me dio un poco de vergüenza reconocer que a medida que me hago mayor me voy volviendo sentimental.

A primera hora de la tarde, el taller de Raquel tenía una luz especial. El sol se colaba como de puntillas por la puerta y dibujaba mosaicos en las baldosas descascarilladas. Tras el mostrador, casi oculta por montañas de cachivaches, Raquel ensartaba cuentas de colores en un cordón de cuero.

—¿Qué os trae por aquí? —preguntó al vernos.

Le expliqué la situación y le enseñé las cuentas de cerámica que había realizado Lisa. Le hablé de la boda, de Teresa, de Salvador, del vestido de novia y del poco tiempo de que disponíamos. Ella nos escuchó con mucha atención y luego empezó a hacernos preguntas sobre los novios. De algunas conocíamos las respuestas y de otras, no: Dónde se conocieron, qué edad tenían, en qué lugar pensaban vivir, a qué hora iba a ser la boda, cuáles eran sus signos zodiacales y muchas cosas más.

Luego estudió con detenimiento las cuentas de Lisa y evaluó:

—Son muy bonitas. Servirán.

Lisa sonrió, muy orgullosa de su primera obra como ceramista.

—Os voy a ayudar a hacerle un regalo muy especial a vuestra amiga —dijo Raquel, saliendo de detrás de su escondrijo.

Nos fijamos en que iba descalza. Llevaba una pulsera de colores en cada tobillo y una falda larga y roja que un suéter negro de lana demasiado ancho cubría en parte. Caminó hasta un rincón de su tienda y apartó algunos cestos repletos de cuentas de madera.

—Creo que dejé por aquí... —murmuraba, mientras revolvía en sus cosas.

Aunque un foráneo hubiera pensado que en aquel lugar reinaba el caos más absoluto, cuando Raquel buscaba algo te dabas cuenta enseguida de que todo estaba en su lugar, que ella conocía a la perfección. De inmediato dio con lo que andaba buscando. Un cesto más pequeño que el resto, de donde extrajo algo que nos enseñó:

—Esto son piedras que yo misma recojo de la playa. Cuanto más erosionadas, mejor. Luego las pinto a mano y las engarzo con esta estructura de hilo de plata. ¿Os gustan?

El resultado era espectacular. En cada una de ellas había pintado un motivo diminuto: un pájaro, un corazón, una flor...

—Podríais ir a buscar piedras parecidas a éstas y darme alguna pista sobre lo que queréis que pinte en ellas. Algo que tenga que ver con los novios, por supuesto. Luego armaremos el collar y formularemos un conjuro de buena suerte.

Aquello nos entusiasmó. Un conjuro.

—¿Sabes hacer conjuros?

—Sólo conjuros buenos. Magia blanca. Casi siempre dan resultado.

—¿Y para qué sirven? —preguntó Julia, quien luego nos confesó que ella no creía en magias de ninguna clase.

—Para desearles que sean felices, que vivan muchos años, que no se enamoren nunca de otra persona...

Se quedó pensativa un momento y rió antes de continuar:

—Je, normalmente se les desea también que tengan todos los hijos que quieran, pero en este caso creo que no sería muy apropiado.

Reímos y estuvimos de acuerdo con ella.

¿Todo aquello significaba que Raquel era medio bruja? Dejamos la cuestión, que a las tres nos interesó mucho, para una mejor ocasión. Ahora lo importante era encontrar un día para ir a la playa a buscar piedras.

Recuerdo bien aquella tarde, cuando llegué a casa. Papá veía el fútbol, con su habitual bolsa de pipas sin sal y sus auriculares, para no molestar a nadie ni que nadie le molestara. Sandrayú dormía abrazada a su osi-to *Willy* (a quien ella llamaba Pilili) y en la cocina tenía lugar una escena que no se repetía desde varios días atrás: la madre de Julia, la mía, la taza de tila humeante y los pañuelos desechables. Lo adiviné porque oí des-de el pasillo la voz entrecortada de nuestra vecina. Supe enseguida que era mejor pasar de largo y ence-rrarme un rato en mi cuarto o en el baño o en cualquier sitio donde no se dieran cuenta de mi presencia. Mien-tras me decantaba por la tercera opción y elegía un te-beo, no pude evitar oír a la madre de Julia que decía, entre pucheros:

—¿Qué voy a hacer? He engordado tanto que no me entra el vestido.

los verdaderos magos
no usan porquerías

La epidemia de amor que nos llevaba afectando varias semanas seguía sin estar controlada. Por ahora, la única que se libraba era yo que, una vez liberada de aquella manía por Mike Pita, me sentía la única chica cuerda de toda la galaxia. Conste que he dicho por ahora. Aunque, pensándolo bien, el enamoramiento de Pita creo que no cuenta. Las cosas hay que experimentarlas del todo, no a medias. Nadie aprende a nadar viendo el agua, ¿verdad? O nadie sabe lo que se siente cuando te tiras por una montaña rusa hasta que subes a una, ¿a que no? Pues con el amor pasa lo mismo: puedes sentirlo en la distancia, pero nunca es lo mismo que enamorarse de alguien de carne y hueso. Además, de pronto me había dado cuenta de que el cantante de los rizos que hasta hacía bien poco me había quitado el sueño era en realidad un antipático y un engreído. Hasta me pareció que, de pronto, cantaba mucho peor. Mamá lo resumió en una frase enigmática:

—Todo es del color del cristal con que se mira.

Lo único claro era que para mí el enamoramiento era historia. Y contra eso sí que no había nada que hacer.

No a todo el mundo le sucedió lo mismo. Las contagiadas por la epidemia más cercanas a mí eran Lisa y Julia. A Lisa las cosas le iban más que bien. Pablo le gustaba cada día más, aunque aún no encontraba la forma de decírselo. Se había vuelto una adicta a la música romántica (Julia la llamaba «música ridícula») y se pasaba el día tarareando *Escondidos, Los mejores años de nuestra vida, Dos hombres y un destino* y cosas así. A veces parecía muy preocupada por asuntos sin ninguna importancia: un granito que le había salido en la barbilla, una camiseta que antes era blanca y que de pronto se volvió rosa (en la lavadora de mi casa también suceden estas transformaciones paranormales) o qué podía regalarle a Pablo para que no se notara ni mucho ni poco lo colada que estaba por él. Yo no entendía nada:

—Si él ya lo sabe, ¿qué más te da?

—Pues me da —contestaba ella, con cara de estar en las musarañas.

Julia lo llevaba mucho peor. Lo de ella era muy diferente: Arturo casi le doblaba la edad, tenía novia y ni siquiera se había dado cuenta de que Julia sentía por él algo que no tenía nada que ver con que fuera el hermano de una de sus mejores amigas. Según mi opinión, que Lisa compartía del todo, Julia estaba perdiendo el tiempo. Arturo no se fijaría en ella ni cambiaría su forma de ser. A decir de Lisa, su hermano era un cabecita loca para el que no se había inventado una solución. Lo de Anamaría era sólo una muestra. Después de empe-

zar a salir con ella media docena de veces y de dejarlo otras tantas (incluido aquello de decirle que no
podía entrar en su casa), ahora acababan de decidir que
se iban juntos de fin de semana. Precisamente el mismo fin de semana en que nosotras teníamos que ir de
boda.

—Pero ¿no lo habíais dejado? —le preguntó Lisa a
su hermano mayor.

Arturo pareció pensarlo.

—No sé —dijo.

—Pero ¿te gusta Anamaría o no? —insistió ella.

—No sé.

Lo que yo digo: un caso sin remedio.

Gus no iba a ser menos. De repente, un lunes por
la mañana a primera hora —es decir, a esa hora en que
te sientes tan desgraciada por tener que volver al colegio— se abre la puerta de la clase y aparece Gus, con
sus ojazos sin lentillas y el pelo peinado hacia atrás
con gomina. Me fijé en que no tenía ni un grano y en
que ya empezaba a afeitarse y no fui capaz de recordar
si antes tenía granos de esos feos y purulentos, o si alguna vez le había descubierto esa pelusilla horrible que
de un día para otro les sale a los chicos en la cara. En
una palabra, me di cuenta de que nunca antes me había fijado en él, y eso me pareció terrible. Me hice
una promesa firme y seria: «A partir de este momento
me fijaré siempre en todos los chicos que se me decla-
ren.» Y a continuación pensé, casi sin poder evitarlo:
«Está guapo.»

Si estáis pensando que no hay quien me entienda, estoy de acuerdo. Lo apunté en mi diario, esa misma noche:

«Analí, no hay quien te entienda.»

No es fácil buscar piedras en la playa, aunque pueda parecer lo contrario. Hacía un viento helado que te calaba los huesos. El cielo estaba encapotado y gris y las olas amenazaban con mojarnos los zapatos y hasta los calcetines. Además, las mejores piedrecitas, las que más se ajustaban a nuestros propósitos, eran más fáciles de encontrar cuanto más cerca te situabas del agua:

—Esto deberíamos haberlo hecho en verano —se quejaba Julia, mientras husmeaba el suelo sin perder de vista el mar.

Lisa fue la más valiente. Se quitó las zapatillas de deporte, hizo un ovillo con los calcetines y se remangó los pantalones hasta casi la rodilla. Y todo para poder acercarse a la zona más peligrosa, aquella en la que era imposible no mojarse. Hay que decir que, al cabo de un rato, Julia la imitó. Si no llega a ser por ellas se nos hace de noche sin conseguir juntar ni media docena de cuentas de collar.

Yo no me quité los zapatos. Preferí buscar por otros sitios, con la esperanza de que alguna piedrecita estuviera esperándome en algún lugar desde que una ola la lanzó más lejos de lo normal. La causa es mi enorme propensión a los resfriados. Es una lata: en cuanto me enfrío un poco me pongo enferma. A veces ni siquiera hace falta tanto, y basta con que cambie el tiempo de manera brusca. Lo mismo en verano que en invierno.

—¡Tengo otra! —exclamaba de pronto alguna de mis amigas, loca de alegría.

—¿Cuántas van?

—Dieciséis.

Yo encontré cuatro. Algo es algo.

Tuvimos muy mala pata. Por si no bastara con el cielo, el viento, las olas... antes de que hubiéramos terminado, se puso a llover. Primero tan despacito que no interrumpimos nuestra búsqueda. Muy pronto empezó a arreciar. El cielo estaba cada vez más oscuro y el agua empezó a caer con fuerza, con más fuerza, con mucha más fuerza... hasta que aquello se convirtió en todo un chaparrón. Corrimos tanto como nuestras piernas nos lo permitieron hasta refugiarnos en el primer portal (que, por cierto, no estaba precisamente cerca).

—¿Tenemos suficientes? —preguntó Lisa.

Yo no pude contestar. Me picaba la nariz y mis ojos empezaban a lagrimear.

—¿Tú cuántas llevas? —rebuscaban en los bolsillos de sus chaquetas—, yo tengo catorce.

—Yo seis —repuso Lisa, mostrando su tesoro.

—¿Te encuentras bien, Analí?

—Aaa...

—Te estás poniendo colo...

—... ¡chís!

Lo sabía.

A la mañana siguiente (faltaban sólo cuatro días para la boda) estaba enferma. La gripe y yo nos llevamos tan bien que reconozco los primeros síntomas en cuanto se presentan: un cosquilleo en algún punto intermedio entre detrás de la nariz y la garganta, que va en aumento a medida que transcurren las horas. Aquella noche, cuando llegué a casa, ya sentí el principio del cosquilleo, y ya temí lo peor. Eché un vistazo a la cocina y decidí acostarme sin cenar. Mamá pensó que lo hacía porque no me encontraba bien, pero no fue sólo por eso: la madre de Julia había empezado la dieta de la alcachofa y mamá la apoyaba, aunque ella no tenía que caber en ningún vestido que le hubiera quedado estrecho. Si alguno no ha probado todavía la tortilla de alcachofas que lo haga ahora, y me comprenderá al instante.

A eso de las tres, mamá llamó al doctor Santos. Siempre ha sido mi médico y ahora lo era también de Sandrayú. Sólo que a ella no venía a visitarla a domicilio. «Por algo será», pensé, orgullosa.

—Tiene una tos muy fea —le informó mamá.

Cuando era pequeña, el doctor Santos me daba miedo. A veces todavía me pasa. Quiero decir que, si no le conoces, te puede parecer que está enfadado contigo. Eso es porque es un hombre muy serio, siempre vestido de médico y siempre con su maletín. Mamá dice que es «muy profesional». Luego sabe ganarse tu confianza, y no sé qué es peor, porque se vuelve un señor muy simpático y muy parlanchín y no hay manera de que se vaya. Se puede pasar horas charlando con mamá —a veces también con papá, pero menos, porque casi nunca coinciden— de todo tipo de cosas. Incluso ha habido ocasiones en que se ha quedado a tomar café.

A Sandrayú, que no está aún nada hecha a este tema de los médicos, le pasó igual que a mí. La primera vez que el doctor la había visitado, se echó a llorar de esa forma desconsolada en la que es una verdadera experta. El doctor Santos la había explorado a fondo: escuchó su corazón con un fonendoscopio, tocó su tripa varias veces, observó sus piernecitas, metió una luz en sus oídos y puso un palito de madera sobre su lengua. Sandrayú, completamente desnuda, no paraba de berrear. Por su expresión, creo que tenía ganas de insultarle.

—Ahora vamos a pesarla —dijo el doctor Santos, agarrándola para llevarla hasta la báscula.

Entonces llegó el momento de la venganza de mi hermana. Esperó a que el médico la tuviera en brazos, se agarró muy fuerte con los brazos y las piernas... y se hizo pis. El pis más largo que había hecho hasta ese momento. Le dejó perdido: la bata, la camisa, la corbata y hasta el pantalón. Pensé que el médico estaría enfadado (yo lo estaría), que gritaría, la mordería o, por lo menos, la reñiría, pero no.

—Gajes del oficio —dijo, antes de ponerla sobre la báscula.

Sandrayú, todavía más enfadada, movía las piernas y miraba al médico como si quisiera desintegrarlo con la mirada.

Cuando ya nos íbamos, Sandrayú entornó los ojos, frunció los labios y, en el peor de sus tonos amenazadores, le dijo al doctor Santos:

—¡Médico!, ¡más que médico!

A mí me recetó un jarabe y unos supositorios. El jarabe no era de esos tan ricos que saben a fresa y que cuando nadie te ve tomas a escondidas. Aquél estaba malísimo.

—Ya tomas jarabes de persona mayor —me explicó mamá, para consolarme un poco.

No lo consiguió: ¿O alguien ha visto a una persona mayor tomándose un jarabe? Eso no se lo cree nadie. Los supositorios eran tan odiosos como siempre pero, para variar, fui buena y no protesté. No quería perderme la boda de Teresa y Salvador por nada del mundo, y mamá era tajante en eso (como en todo):

—Si no te encuentras del todo bien, no irás, Analí. Y punto.

Cuando mamá dice «y punto» es inútil intentar discutir con ella. Es la autoridad competente. Tú no. Y punto.

Aproveché mi resfriado para ponerme al día de las cosas que quería escribir en mi diario. Había algo que no había contado todavía y que no quería olvidar: la impresión que me causó el orfanato de Wuhan la primera vez que lo vi. También a Lisa y a Julia les hablé de ello.

La entrada parecía un poco la de un viejo palacio venido a menos. Como si hubieran construido el edificio en años de esplendor y luego todo hubiera acabado rápidamente. La escalinata principal, flanqueada por dos columnas, daba acceso al vestíbulo, desde donde se entraba a diversas salas: el comedor, la cocina, un cuarto de los juguetes. Todo muy rudimentario y con muy pocos medios. En el cuarto de los juguetes, por ejemplo, apenas había muñecos, y las niñas gateaban sobre una alfombra de colores que alguien les había mandado desde Europa. He dicho niñas y tengo que dar una explicación sobre esto: en China apenas hay niños en los orfanatos, sólo chicas. Esto sucede porque los varones son más apreciados por los padres, que no saben que las niñas somos más astutas, más listas y más rápidas que nuestros supuestos hermanos a la hora de aprender, por eso prefieren quedarse con ellos y darlas a ellas en adopción.

Luego estaban los dormitorios, inmensas salas sostenidas por columnas de hierro, repletas de cunas, todas idénticas. Las del orfanato de Sandrayú eran amarillas, de barrotes, y estaban pegadas las unas a las otras. Por las noches, las niñas podían tocarse a través de los barrotes de sus cunas y este juego era una de las cosas que más echaban de menos una vez abandonaban aquel lugar. Esto nos lo explicó una cuidadora, pero a Sandrayú no le pasó. Una vez se unió a la familia, no pareció echar nada de menos de su vida anterior.

A medida que íbamos viendo las diferentes estancias del orfanato, mientras papá tomaba fotografías, yo trataba de recordar algo de mi experiencia en un lugar como aquél. Me lo propuse muy en serio, exprimí mis neuronas todo lo que pude, pero fue inútil. No recuerdo nada de nada. Todo lo que sé de mi orfanato me lo ha contado mamá, quien me confesó que era más bonito, más alegre y que estaba más limpio que aquel en el que nos encontrábamos.

Yo misma lo comprobé unos días más tarde, al llegar a Xian y visitar la que fue mi primera casa. Parecía más bien un hospital. Había ventanas por todas partes, mucha luz, cortinas de colores, tatamis de juegos en el suelo, montones de juguetes y unas cuidadoras que sonreían todo el tiempo. En eso se diferenciaban de las de Wuhan, tan serias, casi antipáticas, como si las huérfanas fueran ellas. Por lo demás, eran como trabajadoras de un laboratorio: llevaban batas blancas, zuecos y a veces mascarillas. Me emocionó mucho ver que no sólo las cuidadoras de mi orfanato me recordaban, sino que también había fotos mías colgadas en un tablón, junto con las de muchas otras niñas que habían encontrado a su familia en diferentes partes del mundo. Ahí estaba yo, pequeña, flaca, con cara de susto y mi nombre (el original) escrito debajo en caracteres chinos. Lo más extraño de todo fue necesitar un intérprete para hablar en chino con la persona que me cuidó durante mi primer año. Al despedirnos, se le saltaron las lágrimas. Me dio un abrazo tan fuerte que por poco me desmonta, mientras pronunciaba mi nombre actual con gran dificultad, varias veces, como si quisiera memorizarlo. Se llamaba Mei Jin.

Mientras escribía en mi diario estas y otras cosas iba sintiendo un frío muy extraño. De pronto mamá entró en la habitación, con ese paso decidido de las madres cuando hacen las cosas como si tuvieran la obligación de cumplir un horario, y me puso la mano en la frente.

—Tienes fiebre, hija.

Chasqueó la lengua, salió de mi cuarto y volvió antes de que yo pudiera contar diez segundos, con un termómetro, que me colocó debajo de un brazo.

—¿Tienes hambre? ¿Quieres beber algo? ¿Te traigo un libro? ¿Te duele la garganta? ¿Te has tomado el jarabe? ¿Tienes ganas de ir al baño?

Un solo «no» me hubiera servido para contestar a todas sus preguntas. Cuando me quitó el termómetro, empezó a dar órdenes:

—Tápate. Tienes que sudar. Ahora te traigo una taza de sopa calentita y una bolsa de agua. Y el jarabe. Y una aspirina. No te levantes. Voy por otra manta, estás tiritando.

Yo cada vez tenía más frío.

—Te está subiendo la fiebre —dijo—, a esta hora es normal.

De esa noche ya no recuerdo nada más. Me tomé la sopa igual que lo habría hecho un autómata, dejé la luz encendida y me dormí bajo el peso de tres mantas. Mamá entró un par de veces a verme, siempre armada con el termómetro. Creo que la oí hablar por teléfono con el doctor Santos. O tal vez fue en sueños. Mis sueños, cuando se lo proponen, pueden ser mejores que una sesión de vídeo en casa de Arturo.

Aquella noche, por ejemplo, soñé que Teresa y Salvador se casaban en mi orfanato. Todo estaba muy bonito, había flores por todas partes y las ventanas estaban abiertas de par en par. Las cuidadoras llevaban una bata brillante como los vestidos de Cleo y unos zapatos de tacones inimaginables. Las niñas huérfanas esperaban sentadas en sus sillas a que empezara la función. En mi sueño también aparecían Lisa, Julia, Pablo y hasta Gus. Creo que Gus era huérfano y que Lisa quería adoptarle. Y la madre de Julia llevaba el vestido desabrochado porque la dieta de la alcachofa no había dado resultado. El juez jugaba por el suelo con las huérfanas y yo lo miraba todo y hacía muchas fotos. Teresa llevaba puesto el collar de la buena suerte que nosotras íbamos a regalarle y todos eran felices y comían perdices y colorín colorado.

Al día siguiente estaba mejor, pero no bien del todo. Mamá seguía yendo y viniendo con el termómetro, a pesar de que el mercurio ya sólo marcaba treinta y siete grados. No había forma de convencerla de que me encontraba bien y necesitaba levantarme.

—No tienes que ir a ningún sitio —decía—. Tu única obligación por el momento es recuperarte.

Qué equivocada estaba.

Raquel ya había pintado y engarzado las piedras. El collar había quedado precioso, un regalo único y a juego con el vestido —que sólo habíamos visto nosotras—, pero para hacer el conjuro, Raquel necesitaba que estuviéramos presentes. Las tres, sin excepción.

—¿Y no puedes convencer a tu madre? —insistía Julia—, dile que tenemos que preparar el regalo de Teresa.

—Ya se lo he dicho, pero no hay manera.

—¿Quieres que hable con ella y lo intente? —se ofreció.

A mamá no le gusta que personas que no son de la familia se metan en nuestros asuntos para decirle lo que tiene que hacer.

—Será peor —le dije.

—Pues entonces tenemos un problema —concluyó mi amiga.

Lo único que estaba claro era que no podía explicarle a mamá la verdad. Ella no cree en magia blanca ni en conjuros de ningún tipo y lo más seguro es que hubiera pensado que todo aquello era una tontería en la que no valía la pena perder el tiempo. Había que buscar otro tipo de solución. De pronto se me ocurrió:

—¿Y si vinierais a casa?

—¿Las tres? ¿Raquel también?

—Claro. Sin ella no hay conjuro.

—¿Y qué dirá tu madre?

—No lo sé. Ya le contaré lo primero que se me ocurra.

—Bueno —parecía dudar—. Voy a hablarlo con Raquel, a ver si puede y qué necesita.

Raquel necesitaba una olla con agua, hojas de laurel, pétalos de rosas rojas («cuanto más rojas, mejor», especificó) y unas gotas del perfume que solía utilizar la abuela de Julia.

—¿Nada más? ¿Ni patas de murciélago, ni rabos de lagartija, ni alas de periquito, ni nada? Yo pensaba que la magia no funcionaba sin ese tipo de cosas —dije.

—A ti te ha sorbido el seso Harry Potter —replicó Raquel, con un cierto aire de superioridad—. Los magos de verdad no echamos al fuego guarrerías de ese tipo.

Nada de todo aquello parecía muy difícil de conseguir en las tiendas del centro. Menos la olla, que se la pedí a mamá.

—¿Y para qué queréis una olla? —me preguntó, con mucho interés.

—No sé —disimulé—, es para un juego nuevo que se ha inventado Julia.

Todo se solucionó. Mamá me prestó una olla y Raquel estuvo de acuerdo en venir a casa. Nos reunimos las cuatro en mi habitación y le pedí a mi familia que nadie nos molestara.

—Vamos a celebrar una reunión muy importante —dije, haciéndome la interesante.

Pusimos la olla en mitad del cuarto, sobre el suelo, y nos sentamos alrededor con las manos enlazadas. Raquel dirigió toda la operación.

—Primero el perfume, sólo unas gotitas —le pidió a Julia.

Nuestra amiga abrió el frasco y cumplió las instrucciones al pie de la letra. Se desparramó por la estancia un aroma dulzón muy agradable, que de inmediato nos recordó a Teresa.

—El laurel —dijo, mirándome a mí.

Eché cinco hojas. Ni una más ni una menos de las que me pidió.

Le tocó el turno a Lisa:

—Las rosas.

Un buen puñado de pétalos de un rojo oscuro quedaron flotando en el agua.

—Y ahora es mi turno —dijo la maga Raquel.

Sacó de su bolsa el collar que había confeccionado con las cuentas de Lisa y las piedras de la playa. Estas últimas estaban decoradas o pintadas. Tres únicos colores se repetían en todo el conjunto: rojo, verde y lila. La verdad es que había quedado precioso. Lo sujetó unos segundos sobre la olla mientras cerraba los ojos. Luego sumergió las manos en el agua y pronunció unas palabrejas raras. Creo que era latín:

—*Altissima flumina minimo sono labuntur.*

No le dio una entonación especialmente solemne.

—145—

Las dijo, y ya está, con los ojos cerrados. Luego abrió los ojos y nos pidió que separásemos nuestras manos y las volviéramos a enlazar. Así tres veces. Sacó el collar del agua, lo secó en su falda con mucho cuidado y nos lo entregó.

—Ya está.

—¿Eso es todo? —preguntamos.

Creo que las tres esperábamos algo más largo o más complicado. Y tal vez más misterioso.

—No ha pasado nada —observé, un poco decepcionada (lo admito).

Raquel recogía sus cosas. Antes de marcharse, sin levantar la voz, dijo:

—Los beneficios de este conjuro no se ven a corto plazo, niñas, pero si lo que queréis son emociones fuertes, os recomiendo que echéis un vistazo al agua.

Lo hicimos enseguida. Olía al perfume de la abuela de Julia. Y estaba roja. Completamente roja.

Yo creo que aquella tarde, las tres empezamos a creer en la magia. Aunque aún habría de pasar algún tiempo (y algunas cosas) para que nos convenciéramos de que Raquel era una persona muy especial. Por desgracia, no fuimos las únicas en descubrirlo. Pero ésa es una historia para otra ocasión.

ser feliz es fácil

Nunca me casaré. Da demasiado trabajo.

Los últimos días antes de la boda del año fueron de locos. Todo el mundo tenía mil cosas importantes que hacer. Teresa pasaba horas en la peluquería. A Salvador no le veíamos el pelo. La madre de Julia estaba muy preocupada con no sé qué de unos detalles florales. Y nosotras sólo nos preguntábamos qué efecto causaría nuestro modelito y, sobre todo, el de la novia, entre los invitados. Por cierto, que unos pocos de los asistentes eran rumanos. Dos o tres familiares y un amigo de Salvador, importado para la ocasión.

—¿El conde Drácula también vendrá? —preguntaba la más impertinente de todas (ya sabéis).

La única asistencia que aún no estaba asegurada era la mía. Aquella semana, por culpa de la dichosa gripe, también falté al colegio.

—Vas a tener que estudiar mucho cuando pase todo esto si no quieres retrasarte demasiado en los estudios —amenazaba mamá.

Aquello no me preocupaba, la verdad. Estudiar no es tan grave. Todo es cuestión de encontrarle el lado bueno a las cosas. Por ejemplo, la historia. En lugar de creer que no sirve para nada, hay que pensar en lo bien que va para acertar las preguntas amarillas del Trivial. O para saber quiénes son esos señores que tienen nombre de calle, como O'Donell, Carlos III o Ramón y Cajal. Aunque sus vidas no nos importen y lo que hicieron, aún menos (no quiero que nadie piense que soy una empollona, como Gus).

Hablando de Gus. Toda una sorpresa: me llamó por teléfono.

—No has venido al colegio —me informó, como si yo no lo supiera.

—Tengo gripe —contesté.

—Si quieres, me acerco hasta tu casa y te traigo los deberes.

Los deberes no me interesaban lo más mínimo.

—Vale —dije—, ¿cuándo?

—Esta tarde, al salir del colegio.

—Genial.

Tenía ganas de verle. Sí, sí, sí, a Gus. Que nadie se extrañe. Las chicas somos caprichosas, raras y, algunas veces, contradictorias. Quien no lo sepa es que no vive en este mundo.

Antes de que llegara Gus, se presentó en casa la madre de Julia. Yo andaba de un lado a otro, en pijama, zapatillas y bata. Tenía bastante calor con tanta ropa, pero era la única forma de que mi madre me dejara salir un rato de la cama para ver la tele en el salón.

Por una vez, la conversación fue distinta a la de otras ocasiones. Nuestra vecina parecía de muy buen humor. Venía de la peluquería. Se había hecho reflejos de color caoba en el pelo, la manicura, la pedicura, la depilación y no sé qué rollo de un masaje y estaba más guapa que de costumbre. Además, tenía motivos para sentirse feliz:

—La dieta ha dado resultado. He perdido cuatro kilos. El vestido me entra. Tengo que meter un poco la tripa, pero me entra.

Ya lo digo yo: ser feliz no es tan difícil. A algunos les basta con comer alcachofas durante siete días.

Aquella vez, mi madre le ofreció café y ella también se sirvió una taza (mamá es cafetómana, además de rebajómana). Se sentaron, como de costumbre, a la mesa de la cocina. Otra diferencia: mamá no me mandó de repente a mi habitación, ni pareció importarles mucho a las dos vecinitas que yo anduviese por allí y pudiera enterarme de los fundamentales asuntos que iban a tratar.

—Aún me parece mentira que mi madre vaya a casarse —oí que decía nuestra vecina—, aunque ya no lo encuentro tan horroroso.

Mamá se interesó por aquel cambio en su actitud. Yo, que ya estaba en el sofá, bajé el volumen de la televisión para enterarme bien de las causas.

—No te lo creerás —continuó la madre de Julia—: Ayer Salvador me invitó a comer. A mí sola, sin nadie más. Me lo pidió como un favor personal. ¿Sabes?, me llevó a un restaurante del puerto. Uno muy bueno. ¡Y muy caro! Quería hablar conmigo de cuestiones muy importantes. Eso me dijo.

Mamá debió de poner cara de enorme interés. Yo le quité el volumen al aparato. Nuestra vecina prosiguió:

—Me prometió que mi madre es para él lo más importante del mundo, y que hacerla feliz es su única prioridad en la vida, en estos momentos. También me dijo que no vería a mamá contenta del todo hasta que yo bendijera su unión y que por eso venía a convencerme a mí, que tan importante era para su futura esposa, de sus buenas intenciones y de que era una persona de fiar.

Mamá guardó unos segundos de silencio. Seguro que también estaba pensando en aquello tan misterioso de que la vecina tuviera que bendecir algo. Yo no entendía nada.

—Fue todo un detalle por su parte —dijo, al fin.

—¡Ya lo creo! Yo, la verdad, creo que le juzgué mal. No sé, me habían contado cosas tan malas de los extranjeros. Y los rumanos, no sé... no quiero parecer racista, pero no tienen muy buena fama. Con tantas mujeres rumanas mendigando por las calles... Si vieras cómo llevan a sus hijos. Y luego resulta que tienen toda la boca llena de dientes de oro.

Mamá podría haberle dado una conferencia sobre racismo y prejuicios pero, por fortuna, se calló a tiempo. Es muy aburrida cuando se pone teórica.

—Hay mucha gente que piensa como tú —resumió—, tener prejuicios es lo más fácil. Es mucho más complicado intentar comprender algo.

—Durante nuestro almuerzo me di cuenta de que Salvador quiere a mi madre. No va con ella porque piense que le sacará algún beneficio. Creo que lo único que quiere de ella es su cariño.

—Me alegro de que las cosas se estén arreglando. Teresa se lo merece —dijo mamá.

—Ya lo sé. Todo el mundo se merece ser feliz.

Subí de nuevo el volumen del aparato. Aquellas frases como de culebrón ya no me interesaban. En ese momento estaban empezando los *Teletubbies*, justo lo que yo necesitaba, dado mi lamentable estado neuronal. Aún oí, mezclado con una de esas canciones idiotas, un último coletazo de la conversación:

—Lo único que me pidió es que nunca le llame padrastro, aunque eso es lo que será. Mi padrastro. Suena horrible.

Por una vez, le di la razón a la madre de Julia.

Cuando llegó Gus, yo estaba muy atenta viendo cómo Lala y Po se tocaban mutuamente la cabeza, los hombros, las rodillas y los pies al ritmo de una canción tan pegadiza que se te metía en el cerebro como una taladradora, impidiéndote cambiar de canal o pensar en otra cosa.

—¿Tú ves los *Teletubbies*? —me preguntó Gus, en tono de burla.

—No, qué va —mentí yo—, estaba haciendo *zapping* y los he encontrado sin querer.

Además de los deberes, Gus me trajo una noticia bomba: la empollona de Elisenda no quería salir más con él. Ahora le gustaba uno de primero de bachillerato. Lo dijo como si no le importara mucho o como si ya lo hubiera previsto. A continuación añadió algo que me dejó sin habla:

—Da igual. Yo sólo salía con ella porque tú no me haces caso.

En ese momento me di cuenta de que empezaba a afectarme un virus muy malo. Y que no era, precisamente, el de la gripe.

Y en éstas, llegó el gran día. Un sábado soleado que parecía hecho para la ocasión. Lo primero que pregunté al levantarme:

—¿Puedo subir a ver a Teresa?

Desde hacía tres días, mamá no contestaba ninguna de mis preguntas sin su termómetro.

—Levanta el brazo —ordenó.

Acabé de desayunar con el termómetro en el sobaco, mientras Sandrayú nos deleitaba con una recopilación de sus mejores palabras:

—*Abiba*, úpala, *mimí*, pez, *apatos*, caca, nena...

Le gustaba repetirlas de vez en cuando, como si las memorizara o como si repasara su repertorio.

Consultado su termómetro, mamá me dio permiso

para ir a ver a Teresa, que había pasado la noche en casa de Julia, para cumplir con el ritual de no ver al novio durante las veinticuatro horas anteriores a la ceremonia.

—Lo cual no significa —se apresuró a puntualizar mamá— que puedas ir a la boda. Habrá que ver cómo estás después de comer. La fiebre acostumbra a subir hacia el final del día.

Teresa y Salvador pensaban casarse a las siete de la tarde, en el jardín de un palacio de hace trescientos años. Suena a cuento de hadas, pero está aquí mismo, en el barrio. Es un lugar muy bonito donde casi nunca se celebran bodas, pero a ellos se lo dejaron gracias a la mediación del padre de Julia, a quien no hay local de la zona que se le resista. Como es el cocinero de la fiesta mayor, además de uno de los mejores del mundo, todos le hacen la pelota.

En casa de Julia todo parecía normal, como si aquél fuera un día cualquiera. Estaban todos sentados alrededor de la mesa de la cocina, desayunando tranquilamente. Su madre había hecho tortitas, y se las estaban comiendo con nata y caramelo, como debe ser. Me invitaron a una y a un gran vaso de leche con chocolate. Teresa estaba muy guapa.

—Es que la felicidad favorece —dijo—, pero no hay que quitarle méritos a la peluquera.

La peluquera era una de las personas a las que estaban esperando. Debía llegar después de comer para peinar a toda la familia, empezando por la novia. Luego llegaría Cleo para dar los últimos retoques al vestido.

—Estoy deseando verte vestida de novia, mamá —decía la madre de Julia.

Nosotras nos mirábamos, preocupadas. Sabíamos que el vestido iba a romper todos sus esquemas. Ella insistía, con la boca llena de tortita:

—¿No me podéis dar una pista?

—Decidle vosotras algo, chicas —nos pidió Teresa a Julia y a mí.

Julia me pasó el testigo con sólo una mirada. A mí no se me ocurrió nada original que decir.

—No parece un huevo frito —contesté.

—Ah, estupendo —continuó ella—, pero el vestido es blanco, ¿no? Lo tradicional. Llevarás velo, supongo.

—Pues... No. Muy tradicional no es —contestó Teresa, antes de levantarse de pronto con el pretexto de tener muchas cosas que hacer.

A medida que avanzó el día, la efervescencia de la casa fue en aumento. A la hora de la sobremesa todo el mundo parecía llegar tarde a alguna parte y treinta minutos después, aquello era el caos.

Julia vino a vestirse a mi casa. Encontró a mi madre en el momento crucial de consultar su termómetro y emitir su veredicto respecto a lo que yo debía hacer. Contuvimos la respiración:

—Fiebre no tienes —dijo, con expresión terrible—, pero aún estornudas. Y toses.

Si hubiera esperado mi sentencia de muerte no habría estado más callada.

—Ve a esa boda, pero prométeme que te abrigarás y que no volverás tarde.

Hubiera prometido no volver a comer espagueti, si hubiera sido necesario. Qué alegría.

Quisimos esperar a Lisa para vestirnos. No sólo porque era importante para nosotras hacerlo juntas, sino porque ella había prometido traer un estuche de maquillaje y encargarse de darnos unos toques aquí y allá que nos dejaran un poco más guapas. Ella es toda una experta. Con Julia fue un poco complicado, porque reniega de cualquier tipo de cosméticos, pero al final conseguimos convencerla para que se dejara dibujar una rayita oscura bajo los ojos y ensombrecer un poco los párpados. Con los labios no hubo forma.

—Qué asco. Esas cosas se hacen con grasa de ballena.

Lisa demostró ser una verdadera maestra en cuestiones de estética. En un santiamén estábamos las tres vestidas y maquilladas.

—Vamos a ver a la peluquera, a ver qué se le ocurre —dijo Julia, saliendo de la habitación como quien abre una comitiva.

Al vernos salir, mi madre sólo pronunció una palabra:

—Caray.

La última escena de esta historia tiene lugar en el patio, adornado para la ocasión, de un palacio gótico del siglo XVII. En una especie de altar —que no lo era, claro, porque la ceremonia iba a ser civil— esperaba un juez. Los invitados eran pocos, todos íntimos de los novios. La madre de Julia procuraba respirar lo menos posible para que no salieran despedidos los botones de su vestido. A su lado, su marido le decía al oído que estaba más guapa que nunca. El hijo de Salvador estaba junto a ellos, vestido con un traje oscuro muy elegante y con una rosa blanca en el ojal.

Tuvimos oportunidad de verles bien a todos porque entramos antes que los novios, caminando despacito y muertas de vergüenza. Nos sentamos en el lugar que nos habían asignado y procuramos estar serias y no desentonar. No todas lo conseguimos, porque Lisa se acercó a mí y susurró:

—No veo al conde Drácula por ninguna parte, ¿y tú?

Todo aquello era porque, según nos contó una vez Salvador, el conde Drácula —no el de las películas, sino el verdadero, que era muy distinto y un poco malo— había nacido en su país. Tuve que hacer esfuerzos para no echarme a reír. Qué mal se pasa.

Nuestro modelito se componía de unos vaqueros desgastados y un corpiño. Los corpiños eran de tres colores distintos: verde para Lisa, lila para Julia y fucsia para mí. También llevábamos zapatos con un poco de tacón. No entiendo cómo no me maté al hacer nuestra entrada triunfal. Tampoco entiendo cómo logré contener todo el tiempo mis ganas de estornudar, con lo que me picaba la nariz.

—Ahora sí que os parecéis a los ángeles de Charlie —nos dijo Salvador, sonriendo, ya después de la boda, mientras posaba con las tres para una foto.

Inmediatamente detrás de nosotras entraron los novios. Agarrados de la mano y muy sonrientes. Fue la primera vez que vi una boda en la que los novios entraban juntos. Sin embargo, no creo que nadie se fijara en ese detalle. Todo el mundo miraba el traje de la novia con ojos como platos. Incluso Cleo, que les observaba desde su lugar, muy orgullosa de su creación: ahí estaba el vestido de un rojo intenso, largo hasta los pies y con los hombros al aire. El velo era lila. Los zapatos, verdes. La peluquera había sujetado una rosa roja del pelo de la novia. Colgado del cuello, nuestro collar. El collar de la buena suerte.

Me apresuré a mirar la cara de la madre de Julia. Estaba boquiabierta, con los ojos a punto de escaparse de sus órbitas. Leí sus labios. Al ver a la novia, sólo pudo murmurar:

—Ay, mi madre.

índice